KONRAD FISCHER

GEGENWART CHRISTI UND GOTTESBEWUSSTSEIN

THEOLOGISCHE BIBLIOTHEK TÖPELMANN

HERAUSGEGEBEN VON

K. ALAND, O. BAYER, W. HÄRLE, H.-P. MÜLLER
UND C. H. RATSCHOW

55. BAND

WALTER DE GRUYTER · BERLIN · NEW YORK
1992

KONRAD FISCHER

GEGENWART CHRISTI
UND GOTTESBEWUSSTSEIN

DREI STUDIEN ZUR
THEOLOGIE SCHLEIERMACHERS

WALTER DE GRUYTER · BERLIN · NEW YORK
1992

BX
4827
.S3
F57
1992

Die Deutsche Bibliothek — *CIP-Einheitsaufnahme*

Fischer, Konrad:
Gegenwart Christi und Gottesbewusstsein : drei Studien zur Theologie Schleiermachers / Konrad Fischer. — Berlin ; New York : de Gruyter, 1992
(Theologische Bibliothek Töpelmann ; Bd. 55)
ISBN 3-11-013435-7
NE: GT

Printed in Germany
Satz und Druck: Arthur Collignon GmbH, Berlin 30
Buchbinderische Verarbeitung: Lüderitz und Bauer, Berlin 61

Vorbemerkung

Diese Studien sind am Schreibtisch des Pfarrers entstanden. Ihren Kontext und Hintergrund bildet nicht das akademische Gespräch und nicht der Lehrbetrieb der Fakultät. Ihren Kontext und Hintergrund bildet inmitten einer umfangreichen Gemeindearbeit mit all ihren Schönheiten und Belastungen die von Kasus zu Kasus und von Sonntag zu Sonntag sich spannende Schriftauslegung zum Behuf der Predigt. Das hat natürlich die Zeit knapp gemacht und über Jahre hinweg nur selten ein kontinuierliches Arbeiten erlaubt. Predigt will von Christus reden; Gemeindearbeit, alles, was dazugehört von der Verantwortung für den Nagel in der Wand bis zur Sorge um die Glaubensbeheimatung der Seelen im Reich Gottes, lebt aus seiner Gegenwart, seiner Herrschaft, seiner Liebe. Darauf konzentriert der Umgang mit dem Werk Friedrich Schleiermachers. Diese Studien möchten das zur Sprache bringen. Ihr Hauptanliegen ist in der ersten bezeichnet. Die beiden folgenden verhalten sich dazu als Unterbau. Schmerzlich werden viele die Auseinandersetzung mit der Literatur vermissen. Ich habe manches gelesen, aber es steht im folgenden bloß das, was die Arbeitsökonomie eines Pfarrers hergibt. Jetzt wollte es heraus; dann muß es eben so. Auch manche handwerkliche Schwäche mögen mir die akademische Leserin und der akademische Leser nachsehen. Wenn das Vorgetragene nur Lust macht zu einer reflektierten Christologie und Lust macht zum Werk Friedrich Daniel Ernst Schleiermachers, so ist es genug.

Zugleich ist nun, da diese Studien ihren Weg an die Öffentlichkeit gefunden haben, Zeit und Gelegenheit, Dank zu sagen. Zuerst meiner Familie: Marie-Luise, Maximilian, Johannes F. B., Anne Helene. Sie haben jahrelang mitgetragen und das Gelingen dieser Arbeit gefördert und gefordert. Dann der Freundin und Kollegin Christa Geier, Pfarrerin zu Karlsruhe. Sie hat zugehört. Das tat gut. Herr Prof. Dr. K.-V. Selge in Berlin hat sich des Manuskripts mit großer Einsatzbereitschaft angenommen. Er hat mir Mut gemacht, es aus der Hand zu geben, und hat dessen Drucklegung energisch betrieben. Dafür danke ich ihm aufrichtig. Den Herausgebern der Theologischen Bibliothek Töpelmann, ihnen voran Herrn Prof. D. Dr. C. H. Ratschow in Marburg, bin ich für die Aufnahme meiner Untersuchungen in die von ihnen verantwortete Reihe verbunden. Die Evangelische Landeskirche in Baden endlich hat durch namhaften Zuschuß den Druck nach der materiellen Seite ermöglicht. Diesen Dank mache ich gerne öffentlich als eine Ermutigung für alle Kolleginnen und Kollegen im Gemeindepfarramt, die ihrem Tagesgeschäft (und sei es nachts) auch seine wissenschaftliche Seite abzuringen entschlossen sind. Es ist wichtig, daß wir mit dem oft schweren Stoff am Ende nicht alleine bleiben.

Heddesheim, im Februar 1992   Konrad Fischer

Inhaltsverzeichnis

I. Über das christologische und
metaphysische Leitinteresse an der
Theologie Friedrich Schleiermachers

Schleiermacher ist schwierig. Der Umgang mit seinen Schriften[1],
zumal den Reden, der Enzyklopädie und der Glaubenslehre, gehört

---

[1] Den folgenden Studien liegen zugrunde:

Gesamtausgaben

Friedrich Schleiermacher's sämtliche Werke; Berlin 1835 ff. (zitiert: SW mit folgender römischer Bezifferung der Abteilung und arabischer Zählung der Band-
nummer; anschließend die Seitenzahl)*

Friedrich Daniel Ernst Schleiermacher, Kritische Gesamtausgabe, herausgegeben
von Hans-Joachim Birkner u. a., Abteilung 1, Schriften und Entwürfe;
Band 7: Der christliche Glaube nach den Grundsätzen der evangelischen Kirche
im Zusammenhange dargestellt (1821/22), Teilbände 1−3; herausgegeben von
Hermann Peiter; Berlin−New York 1980 und 1984 (zitiert: GL[1] mit folgender
Angabe von Paragraph, römischer Teilbandziffer, Seitenzählung, Zeilenzählung)

Einzelausgaben

Friedrich Schleiermacher, Der christliche Glaube nach den Grundsätzen der
evangelischen Kirche im Zusammenhange dargestellt. 7. Auflage, aufgrund der
zweiten Auflage und kritischer Prüfung des Textes neu herausgegeben und mit
Einleitung, Erläuterungen und Register versehen von Martin Redecker; 2
Bände, Berlin 1960 (zitiert: GL[2] mit folgender Angabe von Paragraph, römischer Bandzählung, Seitenzahl, Zeilenzählung)

Friedrich Schleiermacher, Kurze Darstellung des theologischen Studiums zum
Behuf einleitender Vorlesungen; kritische Ausgabe, herausgegeben von Heinrich Scholz. Berechtigter, unveränderter photomechanischer Nachdruck der

zu den grundlegenden und gleichwohl speziellen Gegenständen des
akademischen Theologiestudiums. In jüngerer Zeit haben seine Philosophie und Ethik, jedenfalls im Bereich der Universität und offenbar unter dem Eindruck der sich im letzten Drittel unseres Jahrhunderts immer dringlicher stellenden Frage der christlichen Weltverant-
wortung, ein erhöhtes Interesse gefunden. Um die Glaubenslehre ist
es dagegen eher stiller geworden[2]. Ihr Anspruch ist hoch, sachlich

---

dritten, kritischen Ausgabe, Leipzig 1910; 4., unveränderte Auflage, Darmstadt
o. J. (zitiert: KD^1, KD^2 ed. Scholz mit folgender Paragraphen- und Seitenzählung)
Friedrich Schleiermachers Dialektik; im Auftrage der Preußischen Akademie der
Wissenschaften auf Grund bisher unveröffentlichten Materials herausgegeben
von Rudolf Odebrecht; Darmstadt 1976 (zitiert: Dial. mit folgender Seitenzäh-
lung)
Friedr. Schleiermacher, Über die Religion. Reden an die Gebildeten unter ihren
Verächtern; Philosophische Bibliothek Band 255, herausgegeben von Hans-
Joachim Rothert, Hamburg 1958 (zitiert: Rr mit folgender Seitenzählung der
1. Auflage von 1799 und ed. Meiner mit folgender Seitenzählung der Ausgabe
Hamburg 1958)

* Aus den Sämtlichen Werken Berlin 1835 ff. wurden besonders herangezogen:
Über seine Glaubenslehre, an Dr. Lücke, Erstes Sendschreiben. Zweites Sendschreiben (zitiert: SL I; SL II, SW I, 2 mit folgender Seitenzählung)
Die christliche Sitte nach den Grundsätzen der evangelischen Kirche im Zusammenhange dargestellt. Aus Schleiermacher's handschriftlichem Nachlasse und
nachgeschriebenen Vorlesungen herausgegeben von L. Jonas (zitiert: CS; SW I,
12 mit folgender Seitenzählung)

[2] Die letzte Arbeit, die sich, soweit ich sehe, sehr dicht der Glaubenslehre zuwendet,
ist Beißer, Friedrich, Schleiermachers Lehre von Gott, dargestellt nach seinen
Reden und seiner Glaubenslehre; Forschungen zur systematischen und ökume-
nischen Theologie, hrsg. v. Edmund Schlink, Band 22; Göttingen 1970. Wenig
zuvor speziell zur Einleitung der Glaubenslehre Offermann, Doris, Schleiermachers Einleitung in die Glaubenslehre; Berlin 1969.
Teilweise auch Barth, Ulrich, Christentum und Selbstbewußtsein. Versuch einer
rationalen Rekonstruktion des systematischen Zusammenhangs von Schleiermachers subjektivitätstheoretischer Deutung der christlichen Religion; Göttinger
Theologische Arbeiten Band 27; Göttingen 1983. – Keller-Wentorf, Christel,
Schleiermachers Denken. Die Bewußtseinslehre in Schleiermachers philosophi-

wie sprachlich; der Umgang mit ihr macht zu schaffen. Der ehemalige Student und nachmalige Pfarrer arbeitet selten mit ihr. Er ist froh, ihren Unüberschaubarkeiten, Fremdartigkeiten und Undurchsichtigkeit entronnen zu sein. Leichter handhabbar für den dogmatischen Gebrauch sind die Formeln der Orthodoxie. Sie scheinen eingängig und wiederholbar und lassen sich, hierin nicht unähnlich den markantesten Aussagen unserer Bekenntnisschriften, gefahrlos und katechismusartig anwenden[3]. Schleiermacher ist anders. Er fordert die unmittelbar selbsttätig denkende Auseinandersetzung mit dem Stoff des christlichen Glaubens[4]. Ja, streng genommen: Was Schleiermacher sagt und lehrt, ist als Formel, als Aussage- und Erkenntnisschlüssel unter keinen Umständen bruchlos nachsprechbar. Von ihm her gibt es keine Schatzbildung der Glaubensaussage; nichts vielmehr gilt als die Mühe um die Mitteilung des Glaubens[5]. Sie umkreist die Möglichkeit und den Vollzug der im Medium der Sprache verantwortbaren und verantworteten Glaubensaussage. Insofern hat Schleiermachers theologisches Denken seinen Fußpunkt im Akt der in Reden und Hören geschehenden Glaubensmitteilung, also in Predigt

---

scher Ethik als Schlüssel zu seinem Denken; Theologische Bibliothek Töpelmann Band 42; Berlin—New York 1984.

[3] Ratschow, Carl Heinz, Lutherische Dogmatik zwischen Reformation und Aufklärung, Teil I Gütersloh 1964; Teil II Gütersloh 1966. — Schmid, Heinrich, Die Dogmatik der evangelisch-lutherischen Kirche, dargestellt und aus den Quellen belegt. Neu herausgegeben und durchgesehen von Horst Georg Pöhlmann; Gütersloh 1979. — Zur Problematik solcher Verfahrensweise vgl. aber Ratschow, a.a.O. Teil I, 11 f.

[4] KD^2 § 67, ed. Scholz 29; KD^2 § 219, ed. Scholz 83. Hierher auch GL^2, Vorrede, I, 4,18 ff.; GL^1 § 1 in toto, I, 9 ff.

[5] Schleiermacher definiert in GL^1 § 6 Anm. den Begriff Glauben „als die die frommen Erregungen begleitende beifällige Gewißheit" I, 20, 21. — In den vorliegenden Ausführungen ist der Begriff Glaube einstweilen weiter gefaßt. Es sind hierunter zunächst unspezifisch alle Begriffe enthalten, mit denen Schleiermacher auf je andere Weise den Tatbestand der menschlichen Gottesbeziehung umschreibt, also sowohl „Frömmigkeit" als auch „fromme Erregung", „Glaube", „Religion", „schlechthinniges Abhängigkeitsgefühl", „Gottesbewußtsein", „höheres" und „höchstes Bewußtsein".

und Gebet[6]. Das verweist seine Theologie an den Gottesdienst der Kirche als an ihren eigentlichen Ursprung[7]. Theologie bestimmt sich als praktische Wissenschaft, sofern sie auf das Handeln der Glaubensgemeinschaft bezogen ist. Das ist nicht moralisch mißzuverstehen. Das Handeln der Kirche ist zuerst ein Sprachhandeln und darin und darunter ein sittliches Handeln gegenüber der Welt[8]. Indem aber Theologie dem gottesdienstlichen Sprachhandeln ursprunghaft verbunden ist, kommt sie am selben auch ins Ziel. Das dem Sprachhandeln des Glaubens sich verpflichtende theologische Denken hat seine Abzweckung im sich fortsetzenden selben Sprachzusammenhang. Es geht darum, den die Glaubensgemeinschaft bestimmenden Glauben in seiner Mitteilungsfähigkeit und -bedürftigkeit in einem immer weiteren und „reineren" Umfang zur tatsächlichen Mitteilung zu bringen, also dem Glauben das Instrumentarium der Mitteilung in sich fortwährend verbessernder Weise an die Hand zu geben[9]. Insofern entwirft Schleiermachers Denken kein System, in welchem ein Begriff den anderen zeugte[10], und es liegt ihm im ernstesten Sinne auch keine, und sei's verborgene und unbewußte, Theo-ontologie zugrunde[11]; vielmehr entwickelt alle denkerische Mühe immer nichts anderes als eine methodische Anleitung, den Glauben gegenüber und vor der Welt sprachlich und

---

[6] Vgl. in der Predigt über die Kraft des Gebets: „Fromm sein und beten, das ist eigentlich eins und dasselbige" SW II, 1, 28.

[7] GL¹ § 1; I, 10,22; GL² § 19,3; I, 121,13. Vgl. auch Schleiermachers Bemerkung über die Kanzelbezogenheit seiner Dogmatik SL II; SW I, 2,603.

[8] Vgl. GL¹ § 152,3; II, 243,22; GL² § 134,1; II, 313,15; ebenso KD² § 168 ff.; ed. Scholz 64 f.; sehr prononziert GL¹ § 8,2; I, 29,13.

[9] Vgl. KD¹ Einl. § 28; ed. Scholz 10, Anm. 2; KD² § 35 ff.; ed. Scholz 15 ff.; ebenso GL¹ § 1,4; I, 12,23.

[10] Also gibt es auch eigentlich nichts zu rekonstruieren, als wäre dem Leser Schleiermachers ein jenseits des Vorgetragenen liegender Sachkern und Systemzusammenhang im nachhinein erst aufzudecken; GL¹ § 4,3; I, 18,27; GL² § 17,2; I, 114,20.

[11] Wie ernst dies gilt, läßt sich u. a. daran ermessen, daß Schleiermacher die metaphysikverdächtige Wendung vom „höchsten Wesen" in der 1. Auflage der Glaubenslehre in ihrer zweiten vollständig tilgt; vgl. etwa GL¹ § 10,4; I, 36,5 ff. und ebd. Zus. 3; I, 37,41 mit GL² § 5; I, 30 ff.

also mitteilbar und handlungsfähig zu machen. Der Glaube in der Welt spricht aus Glauben zum Glauben in der Welt. Das ist die Grundbewegung schleiermacherschen Denkens. Im Zwiegespräch des sich mitteilenden und des sich im Empfang der Mitteilung seiner selbst innewerdenden Glaubens mittelt sich fortschreitend aus, was reiner Glaube ist und bedeutet[12]. Das Denken des Glaubens steht im Gespräch mit dem Glauben der Glaubenden. Zwei Dinge sind dabei vorausgesetzt: Zuerst das Faktum Religiosität. Wenn Glaube zum Glauben spricht, so haben Redner und Hörer das Organon der religiösen Kommunikation gemeinsam. Dem individuellen Merkmal „Glaube" entspricht das Gattungsmerkmal „Glaubensfähigkeit". Religion erscheint von daher als humanes Grunddatum[13], und die humane Weltgesellschaft ist jedenfalls auch eine religiöse Weltgesellschaft, mögen auch die Übergänge von dieser zu jener Konkretionsgestalt der Religion bis ins Ungreifbare hinein fließend sein[14]. — Zum anderen: Die Fähigkeit zu glauben ist kein *beliebiges* Gattungsmerkmal[15]. Es ist dem Menschen wesentlich zugeordnet. Der Mensch kann nicht entweder glauben oder nicht glauben. Er kann wohl kräftig glauben oder von äußerst verkümmerter Glaubensfähigkeit sein. Aber er kann nicht nicht glauben. Insofern ist Glauben seinem Menschsein konstitutiv. Das Gattungsmerkmal ist (neben seiner tätigen Vernunft[16]) zugleich sein Würdemerkmal. Humanität erfüllt sich im Glauben.

---

[12] KD² § 84; ed. Scholz 36; vgl. GL² § 155,1; II, 402,23; weniger akzentuiert GL¹ § 172,1; II, 312,6.

[13] Dial. 91; GL² § 29,1; I, 161,16; § 62,1; I, 342,13. GL¹ formuliert hier insgesamt weniger pointiert; vgl. ebd. § 79 Anm. b. und c.; I, 255,16, die von „Gleichgültigkeit" statt von „Nullität" (GL² § 62,1) des Gottesbewußtseins sprechen. — Hierzu auch KD² § 22; ed. Scholz 9. — Ebenso fehlt in GL¹ §§ 10—12 gegen GL² § 6,1 der Hinweis auf „das schlechthinnige Abhängigkeitsgefühl ... (sc. als) ein der menschlichen Natur wesentliches Element" (I, 41,22). Statt dessen verweist GL¹ § 12,1; I, 41,31 für diese Frage ausdrücklich auf die Sittenlehre (vgl. GL² § 6,2; I, 42,16). Allerdings nimmt Schleiermacher das Thema in GL¹ in der Überschrift zum 1. Teil der Glaubenslehre umso massiver auf (GL¹; I, 123,3).

[14] GL² § 6,3; I, 44,20.

[15] Vgl. GL² § 33,1; I, 175,14; GL¹ § 37 LS; I, 124,34.

[16] CS 1824/25; SW I, 12,512.

Nun hat es freilich der Mensch mit einer nicht-menschlichen Welt zu tun, die er leidend und tätig wahrnimmt. Die Welt, buchstäblich, kommt ihm zu Bewußtsein, und er, der Mensch, nimmt sie wahr im Doppelsinne so, wie einer sein Geschäft wahrnimmt. Leidend findet er sich ihr ausgesetzt, und aus sich herausgehend und handelnd macht er sie zum Feld seiner planvollen Tätigkeit. Jeder denkbare Weltgegenstand ist per definitionem Gegenstand von Erkennen und Handeln[17]. Von daher ist Welt für Schleiermacher kein zuerst ontologischer, sondern ein erkenntnistheoretischer Begriff. Er ist bezogen auf das erkennende Unterscheiden des Menschen. Was vom menschlichen Denken erreicht und unterschieden wird, erweist sich *in* diesem Akt als Welt.

Das bezieht sich auch auf das Denken selbst. Sich selbst denkend, wird es sich zum unterscheidbaren Gegenstand und weist sich darin als welthaft nach. Welt ist somit alles das, welches eine anschauliche Wahrnehmung gewährt und welches sich darin dem unterscheidenden Erkennen aussetzt.

Damit ist zugleich der Welt der anthropologische Ort zugewiesen. Sie begegnet dem Menschen im erkennenden und handelnden Bewußtsein[18].

Im Bewußtsein wohnt auch der Glaube, allerdings auf eigentümliche Weise. Es ist nicht Welterfahrung, die ihn konstituiert, dennoch aber ist er unter den Gegenständen der Welt beschreibbar. Das

---

[17] Zum Gesamtzusammenhang vgl. GL¹ § 9,1; I, 31,16 et in toto; GL² § 4,1; I, 24,11 et in toto. Hierzu auch Rr 87–89; ed. Meiner 48 f.; ebenso Dial. 150–152. 302–307; hier besonders 304: „Jeder einzelne Gegenstand, der uns organisch affiziert, ist seinem Umfang nach ein endlicher". Vgl. auch ebd. 297 ff., bes. 299: „die Idee der Welt ist die Grenze unseres wirklichen Denkens, der transzendente Grund liegt außerhalb dieser Grenze".

[18] Vgl. GL¹ § 20 Anm.; I, 77,31. – Das Mittelglied im Erkenntnisprozeß bildet hierbei das so erst in GL² § 6,2; I, 42,22 benannte „Gattungsbewußtsein" (hierzu vgl. GL² § 34,1; I, 181,5 und unten die Studie Über die Mitteilung des Glaubens). Es bedeutet, daß erst in der Strukturidentität des intersubjektiven, also auf die Gattung Mensch bezogenen Erkenntnisprozesses das Chaos der Eindrücke zur Wahrnehmung von Welt wird. Vgl. Rr 88 f.; ed. Meiner 49 in Verbindung mit Dial. 383.

Denken kann den Glauben aufsuchen und als solchen erkennen[19]. Dann allerdings ist über die Sache des Glaubens, über das ihn Bestimmende und Hervorrufende, noch lange nichts ausgesagt. Er ist bis dahin lediglich als historische und humane Tatsache beschrieben. Im denkenden Erfassen des Glaubens werden Erkenntnisse *über* den Glauben, nicht aber selber Glaube mitgeteilt. Glaubensmitteilung geschieht erst dann, wenn der Glaube selber spricht. Das liegt an seiner Ursprünglichkeit und Lebendigkeit. Als Erfahrung von Gottesbestimmtheit ist er seiner Selbstaussage zuvor ein unmittelbarer Erlebnissachverhalt. Seine Unterschiedenheit zu den Erlebnissachverhalten der Welterfahrung liegt darin, daß sein Woher *im* Widerfahrnis des Glaubens sich der denkenden Unterscheidung entzieht[20]. Denken und Sprache vermögen hier nichts auszurichten, weder im bestreitenden noch im affirmativen Sinn. Denn was Denken und Sprache erreichen, ist der Besonderung fähig. Es fällt unter die „Idee der Welt" und ist also endlich[21]. Der Glaube aber ist eine Tatsache des unmittelbaren Selbstbewußtseins. Als solche erfährt er sich als schlechthin: ungesondert, gänzlich einfach, immer sich selbst gleich — schier als Glauben[22]. Schleiermacher beschreibt diesen Sachverhalt mit dem Begriff „Gefühl schlechthinniger Abhängigkeit"[23]. In ihm bringt sich auf schlechthinnige Weise die schlechthinnige Wirklichkeit Gottes zu Bewußtsein[24]. Die darin begründete Gewißheit des Glaubens teilt sich in den vom menschlichen Bewußtsein in die Tat gesetzten Handlungen mit. Worthafte Zeichen, d. h. die in den verschiedenen Gattungen der Sprache möglichen Ausdrucksweisen, werden ebenso wie Symbole und Handlungszu-

---

[19] KD² § 196; ed. Scholz 75.

[20] GL² § 4,4 in toto; I, 28,33 ff. — Zum Zusammenhang vgl. GL² § 19,1; I, 119 f.

[21] Dial. 314: „… alles, was in der Sprache liegt, hat immer nur eine Beziehung aufs Endliche".

[22] GL² § 5,3.4; I, 34 ff.; vgl. GL¹ § 10,4.5; I, 36 f.

[23] Vgl. hierzu die Studie über die Gewißheit des Glaubens.

[24] „Seeligkeit nämlich ist das absolute Sein als Bewußtsein gedacht, also auch das Sein des göttlichen Princips in dem Mensch. Der Christ ist seelig in dem Herrn." CS; SW I, 12, Beilage A, 15.

sammenhänge zu Mitteilungsformen der im Glauben empfangenen Gotteswirklichkeit[25]. So ist dann diejenige Rede eine Glaubensrede, die sich aus der Erfahrung der Gotteswirklichkeit artikuliert, und diejenige Handlung ist eine Tat der christlichen Sittlichkeit, in welcher das christliche Gottesbewußtsein als bestimmender Handlungsimpuls zur Wirksamkeit kommt[26]. Nun kann Welterfahrung solcher Wirksamkeit wohl hemmen. Sie kann sie aber nicht in nichts auflösen[27]. Dort jedenfalls, wo sich Gottesbewußtsein in Schlechthinnigkeit zur Geltung bringt, ist die Gesamtheit der Welterfahrung auf Gotteserfahrung bezogen und von ihr durchdrungen[28]. Diesen Zustand nennt Schleiermacher die christliche Gottseligkeit[29].

Es liegt auf der Hand, daß hiervon in bezug auf das Gesamtfeld menschlicher Befindlichkeiten und Handlungsweisen nicht die Rede sein kann. Die Erfahrung des Glaubens kennt diesen Zustand nur annäherungsweise. Dennoch erfüllt er sich in jedem Glaubensmoment unter der Form der Gewißheit. Dies führt auf Schleiermachers Wertung des christlichen Glaubens als einer teleologischen Richtung der Frömmigkeit[30].

---

[25] GL² § 6,2; I, 42,27; § 3,5; I, 22,31; § 15 in toto; I, 105 ff.; vgl. GL¹ § 8 Anm.: Es kann „wol aus der Frömmigkeit ein Wissen oder Thun hervorgehen ... als Aeußerung oder Wirkung derselben. An beiden kann sie dann erkannt werden". I, 26,17: Hierzu auch ebd. § 12,2; I, 42,2 (par. GL² § 6,2; I, 42).

[26] CS; SW I, 12,23.

[27] GL² § 62,1; I, 341 f. in toto im Zusammenhang mit GL² § 5; I, 30 ff.

[28] GL² § 5,3; I, 36,24 et in toto. Hierzu auch GL² § 62,2; I, 343,17.

[29] Entsprechend nennt Schleiermacher die Theologie auch gerne die „christliche Gottseligkeitswissenschaft" GL² § 19 Zus.; I, 124,1; § 133,1; II, 310,7 u. ö. GL² § 87,1.2; II, 15 f. spricht vom „Seligkeitsgehalt" der Frömmigkeit (ebd. n. 2; II, 16,24); diesbezüglich weniger klar GL¹ § 107,1; II, 2,5, wo allerdings der Zusammenhang mit Schleiermachers Begriff des Teleologischen deutlicher hervortritt.

[30] Der Begriff des Teleologischen, den Schleiermacher in der Beschreibung des christlichen Glaubens als eines Typs „teleologischer Frömmigkeit" aufnimmt (GL² § 9,1; I, 61,21 vgl. GL¹ § 16,2; I, 56,11), ist in der Tat „anderwärts etwas anders" gebraucht (GL² ebd.; diese Bemerkung so auch schon in einer Marginalnotiz seines Handexemplars von GL¹ vgl. KGA 7. III, 52, Marg. 245). Hierbei dürfte

Damit ist aber auch das entscheidende Problem gestellt. Glaube erfährt sich selber im Gegenüber zum Unglauben. Gottesinnigkeit und Glaubensohnmacht stehen gegeneinander. Sie begegnen sich im selben Bewußtsein[31]. Menschliche Welterfahrung und menschliche Handlungszusammenhänge erweisen sich dem Gottesbewußtsein gegenüber resistent. Der Glaube, der die Erfahrungswirklichkeit in ihrer Summe auf das Gottesbewußtsein zu beziehen ausgeht, scheitert

---

Schleiermacher den aristotelischen Zweckbegriff im Auge haben, in dessen Tradition „teleologisch" die Erstreckung eines Wirkungszusammenhangs auf eine Finalursache hin aussagt, auf welche hingespannt der Wirkungszusammenhang als Mittel zur Realisierung der Finalursache erscheint (vgl. hierzu Bandau, I., Art. Finalnexus; in: HWdPH II, 953 f.; Art. Teleologie; in: Marxist.-leninist. Wörterbuch der Philosophie; hrsg. v. G. Klaus und M. Buhl; Hamburg 1972, 1079—1082). Der teleologische finis kommt auf diese Weise in einem zeiträumlichen Transzendens gegenüber seinem Verwirklichungszusammenhang zu stehen. In einem solchen Verständnis wäre dann das von Schleiermacher in GL[2] § 9,1; I, 61,25 genannte Reich Gottes das telos, zu welchem sich die sittliche Tat der Frömmigkeit als bewirkendes Mittel verhielte. Das ist Schleiermachers Gedanke nicht. Sein telos ist vielmehr die sittliche Tat des frommen Daseins selber, welche geradewegs darin besteht (und also sich hier das telos des Glaubens findet), „sich in jedem Zustande als abhängig von ihm (sc. Gott) zu fühlen" (GL[1] § 10 Zus. 3; I, 37,42), bzw. das Gottesbewußtsein „von jeder anderweitigen Tatsache des Bewußtseins aus in absoluter Stärke hervorzurufen" GL[2] § 62,1; I, 342,27. Daß dies freilich nur durch eine Mitteilung Christli, also aus Gnade geschehen kann, ist in anderem Zusammenhang zu erläutern. Der Rückbezug der sinnlichen Bewußtseinstatsachen auf das Gottesbewußtsein ist auf jeden Fall selber schon eine freie Tat des Frommen und also die Erfüllung des christlichen telos (GL[1] § 79 LS; I, 255,2). Vgl. hierzu auch NH 58 f. zu GL[1] § 16 Anm. b.: „Im Sittlichen ist die Selbstthätigkeit das eigentlich Hervortretende" KGA 7. III, 51, Anm. zu Marg. 233). — Zum Ganzen vgl. die Studie Über die Mitteilung des Glaubens. — Dem steht nicht entgegen, daß Schleiermachers Ecclesiologie sehr wohl ein Wachsen der Kirche in der Zeit (gegenüber einem Abnehmen der Welt) bis hin auf die Vollendung entfaltet (vgl. GL[1] § 134; II, 158 ff.; ebd. § 173; II, 313 f.; ebenso GL[2] § 114; II, 211 ff.; ebd. § 157; II, 408 ff.). Aber der diesbezügliche Gedankengang verhält sich nur mittelbar zu seinem Begriff des Teleologischen. Letzteres ist vielmehr bereits in der im Glauben jetzt geschehenden Gewißheit der „durch die Stiftung Christi zu bewirkende(n) ... Annäherung an den Zustand der Seligkeit" (GL[2] § 15,2; I, 106,34) gegeben.

[31] GL[1] § 81,1; I, 258,3; GL[2] § 63,3; I, 347,18.

angesichts der Kraft der welthaften Impulse. Es gelingt ihm nicht, alle Welterfahrung dem Glauben zu subsumieren[32]. Das bedeutet: Das von Schleiermacher postulierte Gefühl der schlechthinnigen Abhängigkeit bleibt hinsichtlich seines Totalitätsanspruchs gegenüber der Summe der Welterfahrung abstrakt. Gottesbewußtsein, wennzwar vorhanden, erweist sich im Gesamt der menschlichen Bewußtseinszustände als unstetig und in weiten Bereichen, im Reden wie im Tathandeln, als unwirksam. Solche Unwirksamkeit (oder Gehemmtheit[33]) aber widerspricht dem Gefühl schlechthinniger Abhängigkeit nicht nur dem Begriff nach — denn wo schlechthinnige Abhängigkeit herrscht, kann es kein ihr Widerstreitendes geben —, sie widerspricht vielmehr dem unmittelbaren inneren Erlebnissachverhalt. Im Glauben wird der schlechthinnige Anspruch des im Gefühl schlechthinniger Abhängigkeit erfahrenen Ursprungs erlebt, und noch die Hemmung dieses schlechthinnigen Anspruchs, wofern sie Schmerz bereitet, bildet gleichsam den Negativerweis der im schlechthinnigen Abhängigkeitsgefühl zur Wirksamkeit kommenden Macht[34]. Das bedeutet aber: Indem das Gefühl schlechthinniger Abhängigkeit angesichts des Widerstreits von Welterfahrung und Gotteserfahrung[35] seinen sinnlichen Wahrheitserweis schuldig bleibt (vielmehr nur partiell auf der Ebene des Bewußtseins erlebt wird), kann es hinsichtlich seines Totalitätsanspruchs im Jetztstand des Glaubens nicht sichtbar sein. Sein innerlich erlebter Anspruch scheitert im Bewußtsein angesichts der Faktizität der Welt.

Wenn dem aber so ist, so ist hier nachdrücklich die Konstruktionsanfrage gestellt. Sie lautet: Wenn das Gefühl schlechthinniger Abhängigkeit als Schlüssel der Ausfaltung der Glaubenslehre zu-

---

[32] GL² § 66,1; I, 356,2 (klarer als GL¹ § 84,1; I, 261,7).

[33] GL² § 5,4; I, 37,36 ff.

[34] GL¹ § 11,2; I, 39,23; ebd. § 79 Anm. c.; I, 255,28; GL² § 62,1; I, 342,1. Vgl. auch die Hinweise zum Gewissen in der Erörterung der Heiligkeit Gottes GL¹ § 105,1; I, 343,20; GL² § 83,1; I, 445,22.

[35] Schleiermacher beschreibt diesen Sachverhalt als „Widerstreit des Fleisches gegen den Geist" GL² § 66 LS; I, 355,7; ebd. § 66,2; I, 357,9; vgl. GL¹ § 86,2; I, 265,11—25.

grundeliegt — wie kann dies sein, ohne daß es sich dabei um ein bloß Gedachtes handelt? Ist das schlechthinnige Abhängigkeitsgefühl anderes und mehr als ein Konstrukt des Denkens? Es mag ja wohl innerlich erlebt und erfahren sein. Sichtbar und greifbar ist es indessen mit dem in ihm gesetzten Anspruch nirgendwo vorhanden. Dem wahrnehmenden Auge und ebenso dem wahrnehmenden Gemüt erweist es sich als wenn überhaupt gegeben, dann jedenfalls als unvollkommen, und also liefert sich der Begriff dem Verdacht aus, einen zweifellos vorhandenen und in Momenten des individuellen Lebensprozesses gewiß stark hervortretenden Impuls gleichsam isoliert und als Schlüssel der Glaubensdarstellung verabsolutiert zu haben. Wie also kann das Gefühl schlechthinniger Abhängigkeit in seinem Totalitätsanspruch verifiziert werden? Nun zwar wird sich das so postulierte Gefühl nicht an diesen oder jenen Gläubigen, es wird sich im christlichen Glauben an Christus binden. Und es wird der christliche Glaube im biblischen Christus sein Urbild erkennen und mit den Mitteln der Sprache beschreiben. Und es wird das Denken des Glaubens aus der erfahrenen Christusbindung heraus sein Urbild mit den Begriffen der Vollkommenheit belegen. Dennoch aber bleibt ein Rest, und der heißt: Wenn das schlechthinnige Abhängigkeitsgefühl in seiner schlechthinnigen Gottesbestimmtheit wirklich sein soll, so setzt sein Begriff sein Gegenwärtigsein, und zwar sowohl nach Seiten der göttlichen Wirksamkeit wie nach Seiten der menschlichen Personalität voraus. Als hinsichtlich seiner Fülle bloß historischer, nämlich in Jesus gegebener, hinsichtlich seiner Gegenwärtigkeit aber lediglich partieller Sachverhalt müßte der Begriff sonst in doppelter Hinsicht ein Überschießendes mitaussagen und setzen. Zum einen müßte sich, wenn es sich seiner vollen Wirklichkeit nach um einen bloß historischen Sachverhalt an der im übrigen vergangenen menschlichen Person Jesus handelt, die in Jesus zur vollen Wirksamkeit kommende schlechthin bestimmende Kraft Gottes auf das Damals und Dann der Lebensgeschichte Jesu begrenzt haben, und Gott hätte also mit dem Tod Jesu aufgehört, in voller Wirksamkeit die menschliche Natur zu durchdringen. In dem Fall höbe sich die Schlechthinnigkeit der wirkenden Kraft Gottes an ihrer zeiträumlichen Begrenztheit auf. Sie wäre einmal schlechthin wirksam gewesen und dann nicht mehr, und also wäre die vollumfängliche Wirksamkeit Gottes, gesehen auf ihr Jetzt-am-Werk-Sein, als Überschießendes durch den Begriff gesetzt. Zum andern müßte sich angesichts der seiner Wirksamkeit offenbar anhaftenden Begrenztheit im jetzt widerfahrenden Frömmigkeitsgefühl der Begriff kraft Denkens ein Komplement zu der offenbar nur begrenzt gegebenen schlechthinnigen Abhängigkeit denken: also entweder einer Chimäre nachlaufen oder womöglich einen neuen Christus erwarten[36]. Deutlich ist jedenfalls: Der Begriff vom Gefühl schlechthinniger Abhängigkeit muß, wenn er nicht ein leeres Konstrukt sein soll, zuerst nach seiner geschöpflich-personalen Seite seine gegenwärtige Wirklichkeit einfordern und ausweisen. Es ist nicht genug, den in Christus gesetzten Sachverhalt der schlechthinnigen Gottesdurchdrungenheit seines menschlichen Selbstbewußtseins resp. sein vollkommenes Gottesbewußtsein als einen lediglich spirituellen Tatbestand zu unterlegen, etwa in der Form, daß der auf und in Christus wirksame Geist im Leben der Gläubigen am Werk sei. Denn diesem Geist fehlte der Leib, und weder ein Einzelner[37] noch die Kirche in ihrem Jetztstand[38] kann ein solcher offenbarer Leib und Träger des schlechthinnigen Abhängigkeitsgefühls sein. Statt dessen muß, wenn anders das Gefühl schlechthinniger Abhängigkeit nicht seines Totalitätsanspruchs verlustig gehen soll, die von Gottesbewußtsein gänzlich durchdrungene menschliche Natur Christi mit in die Gottheit Gottes aufgenommen und also Christus jetzt als Urbild nicht bloß dem Geist nach, sondern als der erhöhte Herr im Glauben der Glaubenden wirksam sein. Das ist das Kardinalproblem der Glau-

---

[36] GL² § 93,2; II, 35,30—35 vgl. ebd. § 13,1; I, 89,14—16; ebd. n. 2; I, 90,32; dazu auch GL¹ § 121,1; II, 66 f.

[37] GL² § 125,1; II, 270,13 f.

[38] GL² § 153,1.2; II, 398 f.; ebd. § 125,2; II, 273,18. Vgl. auch GL¹ § 114 Anm. b.: Die Förderung des Gottesbewußtseins durch die Tätigkeit Christi „wird aber zugleich so auf das Gesammtleben bezogen, daß aus diesem sich niemals eine Stuffe des höheren Lebens entwikkeln kann, welche dem in dem Erlöser selbst gesetzten gleich käme" II, 19,22—25.

benslehre[39]. An seiner Bewältigung hängt es, ob in ihr wirklich Christusglaube beschrieben ist oder ob die Christologie lediglich zur Funktion einer anthropologischen Analyse geworden ist[40]. Denn nur in festester christologischer Verankerung ist Schleiermachers Leitbegriff vom Gefühl schlechthinniger Abhängigkeit nicht leer. Das ist die Behauptung und das Leitinteresse dieser Untersuchung. Sie versteht Schleiermachers Glaubenslehre als eine Theologie des erhöhten Christus, wie er als der erhöhte im Herzen der Gläubigen wirksam ist und wohnt.

Man muß jedenfalls davon ausgehen, daß Schleiermachers gesamte Anstrengung um die Fixierung des dogmatischen Stoffs und der dogmatischen Aussageweise, also auch die hierfür erforderliche Konstruktion des Begriffs vom Gefühl schlechthinniger Abhängigkeit, den Glauben an Christus selbstverständlich zur subjektiven wie sachlichen Voraussetzung hat (vgl. GL² § 11,5). Er wäre fundamental mißverstanden, wenn der Christusglaube in seiner handgreiflichen Realität lediglich als Sonderfall des schlechthinnigen Abhängigkeitsgefühls begriffen und also als eine Konkretionsform des Allgemeinen verstanden würde[41]. Denn gerade das Gegenteil ist der Fall. Konkret ist die Christusbindung. Sie ist es, welche die Mühe des Denkens einfordert.

---

[39] GL² § 88,2; II, 19,28. Daß sich Schleiermacher dessen bewußt war, zeigt GL¹ § 109 in toto, wo ebd. n. 4 (II, 9,36) mit dem hier gebrauchten Begriff des „neuen geistigen Naturganzen" die schwierige Problemlage deutlich markiert ist. Die Unaussagbarkeit der erhöhten Natur Christi erscheint dann auch darin, daß in GL² § 88,1.2 dieser Begriff wieder getilgt ist, wenn auch der Sachverhalt präsent bleibt (ebd. n. 2; II, 19,24–31).

[40] Vgl. Karl Barths bekanntes Urteil: „Die Christologie ist die große Störung in Schleiermachers Glaubenslehre ... Jesus von Nazareth paßt verzweifelt schlecht in diese Theologie des im Grunde doch wirklich sich selbst genügenden geschichtlichen ‚Gesamtlebens' der Menschheit." Zit. nach: Die protestantische Theologie im 19. Jahrhundert; Band 2: Geschichte; Hamburg 1975, 366. In diesem Sinne lange vor K. Barth Wilhelm Dilthey, Leben Schleiermachers; Band 2: Schleiermachers System als Philosophie und Theologie. Aus dem Nachlaß von Wilhelm Dilthey mit einer Einleitung herausgegeben von Martin Redecker; 2. Halbband, Schleiermachers System als Theologie; Berlin 1966, 486 ff. Nach GL² § 93,2 „bleibe die Schöpfung des Menschen unvollendet, wenn dessen Vollkommenheit sich nur in der Gesamtheit der Einzelwesen, nicht in einer Person realisiere – eine bodenlose metaphysische Behauptung" (ebd. 489). Um eben diese metaphysische Seite der Sache geht es in der vorliegenden Studie.

[41] SL I; SW I, 2,602; SL II; SW I, 2,626.

Dem Denken aber ist eben *aus* diesem Impuls heraus das Ganze der menschlichen Frömmigkeit zur zu sichtenden Aufgabe gestellt. Deshalb kann Schleiermacher, wiewohl und weil der Christusglaube die subjektive wie sachliche Voraussetzung seines Denkens ist, die Eigenart des christlichen Glaubens nur in der kritischen Gesamtsicht von Religion bestimmen. Der Glaube an Christus verhält sich darum zum Gefühl schlechthinniger Abhängigkeit nicht als Konkretion zum Allgemeinen. Und auch ist Christentum keineswegs ein Sonderfall von Religion. Vielmehr ist Religion selbst schon eine Abstraktion des christlichen Glaubens und wiederum der Begriff vom Gefühl schlechthinniger Abhängigkeit die äußerste Bestimmung des Religiösen; und an ihm endlich wird geprüft, ob sich im konkreten Christusglauben das Religiöse in seiner Vollkommenheit erfülle.

Schleiermachers Glaubenslehre ist Theologie des erhöhten Christus. Einsichtig wird diese Behauptung dann, wenn man Schleiermachers theologisches Denken strikt in seinem Itinerarcharakter versteht. Alle eigentlich theologischen Aussagen nämlich sind solche, die das Am-Werk-Sein Gottes im Spiegel der das Wirken Gottes unmittelbar erfahrenden Seele beschreiben. Diese, sc. die gotterfahrene Seele, ist Quelle und Gegenstand der theologischen Satzbildung. Deren Sachgehalt aber, und damit zugleich deren nachvollziehbarer Wahrheitsgrund, ist immer nur die Seele, wie sie von Gott angerührt und bewegt wird. Insofern kann Schleiermacher nur den Glauben in seiner Gewißheit beschreiben und so gleichsam indirekt und wie in einem Spiegel das den Glauben Gewißmachende. Theologie ist ein Innenweg der Seele zu sich selbst, ein Itinerarium mentis, aber nun nicht in Deum, sondern mentis in seipsam sicut a Deo formatam. Im Wurzelgrund dieses Weges steht die staunend sprachlich werdende Erfahrung der im Wortsinn unaussprechlichen Gegenwart Gottes. Von daher ist der Grundbegriff der schlechthinnigen Abhängigkeit nicht zuerst eine intellektuelle Konstruktion, sondern Ausdruck der affektiv erfahrenen Gegenwärtigkeit und gegenwärtigen Wirksamkeit Gottes und dann erst und in zweiter Linie ein rationaler Begriff, der den Erlebnissachverhalt in den Horizont des humanen Verstehens einstellt.

Darin berührt sich Schleiermachers theologisches Denken eigentümlich mit dem des Anselm v. Canterbury, welchem wohl nicht von ungefähr Schleiermacher das Leitmotiv seiner Glaubenslehre

verdankt. Denn auch Anselms sog. Gottesbeweis ist seinem Grund-
ansatz nach zuerst keineswegs ein Beweis im Sinne der aristotelischen
Logik (vgl. HWdPh Bd. I, 882 ff.), als welchen ihn eine von Gaunilo
bis Kant reichende Tradition der Kritik (und vielleicht schon Anselm
selbst) mißverstanden hat. Das anselmsche Argument ist vielmehr
seiner doxologischen Aussageform ursprünglich verknüpft. In ihm
wird Gott in anrufender Anbetung ausgesagt: tu es quo maius
cogitari non potest (Prosl. c. 2). Der Beweis selber ist lobpreisende
Sprachform der zuvor erfahrenen Gotteswirklichkeit, also abspie-
gelnde Wesensaussage und -bezeichnung. Er erhebt nicht den Anspruch, das Wesen Gottes an ihm selber und aller Erfahrung zuvor
zu benennen. Vielmehr wird die Sprachgestalt der anrufenden Anbetung erst in ihrer intellektuellen Reflexion dann auch ein der Logik
objektivierender Sprache sich schickendes Argument. Als dieses aber
bleibt es zu seiner Gültigkeit der die Anbetung hervorrufenden
Erfahrung verbunden. Schleiermachersch gesprochen: Anselms dis-
kursive Nutzung des doxologischen Sprachmaterials ist Glaubensmitteilung in didaktisch-belehrender Art.

Sowenig nun Anselms Beweis ursprünglich eine spekulative Got-
tesprädikation aussagt, sowenig ist der Begriff der schlechthinnigen
Abhängigkeit ursprünglich eine ontologische Prädikation. Beide
Leitbegriffe sind vielmehr chiffrierte Erfahrung und werden erst
darin zu rational operativen Begriffen, daß sich die Erfahrung des
Glaubens der Mühe des Denkens überliefert.

Nun wird freilich für Anselm, sobald der Begriff der staunenden
Anbetung gefunden ist, derselbe Begriff sofort zum systembildenden
Element seiner Gedankenführung[42]. Erfahrungssachgehalt und Be-
griffssachgehalt treten ineinander, und der aus Erfahrung gewonnene
Begriff fordert nunmehr den in ihm ausgesprochenen Sachverhalt
quasi objektivistisch ein[43].

---

[42] Et quidem credimus te esse aliquid quo nihil maius cogitari possit ... Existit ergo
procul dubio aliquid quo maius cogitari non valet, et in intellectu et in re. Anselm,
Proslogion c. II; ed. Schmitt, Stuttgart 1984.

[43] Schleiermacher bespricht Anselms Beweis in seiner Geschichte der Philosophie,

Schleiermacher dagegen bleibt an dem, was erfahrbar ist: am Gefühl schlechthinniger Abhängigkeit. Dies allein (oder eben: das Gottesbewußtsein) wird zum Kanon der theologischen Beschreibung. Dabei folgt die Logik des Denkens aber dennoch der von Anselm vorgegebenen Linie. So wie diesem der Begriff des quo maius nihil in intellectu die res des quo maius nihil einfordert, so fordert jenem die im Gefühl erfahrene schlechthinnige Abhängigkeit die res oder auch die wirkliche Vollkommenheit des Gottesbewußtseins ein. Denn letzteres wäre nicht vollkommen, wenn es sich nicht in seiner Vollkommenheit zur Darstellung gebracht hätte. Größer nämlich (anselmsch gesprochen) oder schlechthinniger bzw. reiner (schleiermachersch gesprochen) als dasjenige Gottesbewußtsein, welches unstetig und flackernd die Gesamtheit eines Lebensentwurfs bestimmt, ist dasjenige, welches stetig das Bewußtsein begleitet. Indem also das schlechthinnige Abhängigkeitsgefühl da ist und es folglich ein schlechthinnigeres nicht geben kann, vollkommener aber dasjenige Gottesbewußtsein ist, welches in Stetigkeit alle Lebensbereiche durchströmt, als dasjenige, welches bloß je und dann seine

---

SW III, 4.1; ed. H. Ritter, Berlin 1839, 186 f. Seine Stellungnahme ist schwierig. Er verwirft den Beweis keineswegs. Anderseits unterstellt er einen Zirkel: Es folgt aus dem Beweis nur ... „die subjective Ueberzeugung, von welcher Anselm ausging, aber für das Gebiet der Anschauung ist hierdurch nichts construirt" (ebd. 186). D. h.: der Beweis sagt nichts über die Sachhaltigkeit der zugrundeliegenden und sich ergebenden subjektiven Überzeugung. Dennoch hat er seinen Sinn, wenn er als „eine unmittelbare und also untrügliche Production der Vernunft" verstanden wird (ebd.). Dann nämlich leistet er das, was für Schleiermacher im Zusammenhang seiner Dialektik die „Idee der Einheit des transzendenten Grundes" (Dial. 312) als dasjenige transzendentale Vermögen zu leisten hat, welches allem Wissen zugrundeliegt (ebd. 314). Er unterlegt damit dem Beweis Anselms eine Bedeutung in der spekulativen Begründung des Wissens. Eine frömmigkeitsbezogene Deutung wird nicht erwogen, kann auch nicht erwogen werden, wofern die ontologische Prädikation „Gott existiert" diejenige Grenze überschreitet, als welche der „transzendente Grund" der Dialektik dem Denken gegenüber erscheint (Dial. ebd.) und wofern er als spekulativer Satz aus dem Zusammenhang theologischer Sprachbildung — da in ihm das fromme Selbstbewußtsein nicht mitausgesagt ist — ausscheidet.

Kraft zur Geltung bringt: so ist notwendig und per definitionem das Gefühl schlechthinniger Abhängigkeit bzw. das Gottesbewußtsein in seiner Vollkommenheit meinem durch Unstetigkeit gehemmten Gottesbewußtsein gegenüber oder klassisch ausgedrückt: extra me[44]. Folglich ist Christus in der Stetigkeit und Kräftigkeit seines Gottesbewußtseins der eigentliche Wahrheitspunkt des erfahrenen Gefühls schlechthinniger Abhängigkeit. Er ist das Urbild, aus welchem sich alles christliche Abhängigkeitsgefühl speist[45]. Indem aber Christus das Urbild ist und in jeder christlich frommen Gemütsbewegung als solches erfahren wird, muß ihm auch der Wirklichkeit nach ein Urbildlich-sein und hierin zugleich ein Geschichtlich-sein zugesprochen werden, weil andernfalls das auf Christus bezogene Gottesbewußtsein entgegen seiner Evidenz sich als leere Vorstellung erwiese[46].

Schleiermachers Gedankenbildung ist hier durchaus anselmscher Art. Die Gewißheit des christlichen Glaubens spricht Christus Urbildlichkeit zu, weil sich hierin „eigentlich das Sein des Begriffes selbst aussagt"[47] und weil, würde nur der Begriff, nicht aber das Sein ausgesagt, ein (kommendes) vollkommeneres Gottesbewußtsein denkbar bzw. erwartet und erhofft würde[48]. Dann aber überträfe (anselmsch gesprochen) das erwartete Gottesbewußtsein das erfah-

---

[44] GL¹ § 121,3; II, 69,7—13; GL² § 100,2; II, 92,14 f.
[45] GL² § 93 LS; II, 34.
[46] GL² § 93,2; II, 34,5—24; vgl. hierzu GL¹ § 121,1; II, 67,8—30.
[47] GL² § 93,2; II, 35,16.
[48] ebd.; II, 35,25 ff. Vgl. GL¹ § 114,1: „Beides (sc. Christi Geschichtlichkeit und Urbildlichkeit) ist offenbar nothwendig, wenn sich in einem Einzelnen der Begriff des Erlösers durch Stiftung eines solchen Gesammtlebens realisiren soll." (II, 19,28—30). Strukturell ist diese Formulierung überaus dicht an Anselm, der notiert: convincitur ergo etiam insipiens esse vel in intellectu aliquid quo nihil maius cogitari potest, quin hoc, cum audit, intelligit … Si ergo id quo maius cogitari non potest, est in solo intellectu: id ipsum quo maius cogitari non potest, est quo maius cogitari potest. Sed certe hoc esse non potest. Existit ergo procul dubio aliquid quo maius cogitari non valet, et in intellectu et in re. Prosl. c. II; ed. Schmitt 84. — „offenbar nothwendig" und „certe … procul dubio" markieren strukturell den nämlichen Gedankenschritt.

rene und also gäbe es ein vollkommeneres als dieses, und das sich an Christus bindende Gefühl der schlechthinnigen Abhängigkeit wäre, wennzwar irgendwie ein solches, dann aber nicht erlösend[49]. Da aber das christlich fromme Selbstbewußtsein Christus als den Erlöser erfährt, so muß es ihm auf jeden Fall, auch wenn es ihn nur Vorbild nennt, die wirkende Kraft der Hervorbringung des erlösenden Gottesbewußtseins zusprechen — und dieses in hervorbringender Kraft wirkende Vorbild kann angemessen nur Urbild genannt werden[50]. Schleiermachers Folgerung lautet dann: Urbild, d. h. das Sein des Begriffs, ist allein der angemessene Ausdruck für die „ausschließliche persönliche Würde Christi" und heißt im Klartext nichts anderes als: Wofern die christliche Frömmigkeit an ihrem Erlöser die Vollkommenheit des Gottesbewußtseins erfährt, muß sie im geschichtlichen Christus wirklich sein, wenn anders das Erfahrene nicht nichts sein soll, welches ja evidenterweise wiederum nicht der Fall sein kann, da christlicher Glaube ist.

Wichtig ist diese Überlegung deshalb, weil Schleiermachers Christologie von hier aus keinesfalls eine sekundäre Konstruktion genannt werden kann. Es ist vielmehr die immer schon konkrete Form der religiösen Erfahrung als Christuserfahrung, welche zur christologischen Anstrengung und Beweisführung nötigt[51]. Aber gerade weil und indem Schleiermachers ursprüngliche religiöse Erfahrung sich äußernde und mitteilende Christuserfahrung ist, stellt sich seine theologische Sprachführung in den Horizont des Allgemeinen der religiösen Kommunikation, um endlich in geordneter Systematik das Erfahrene auch zum Begriff zu bringen. Das von Schleiermacher erfahrene quo maius nihil ist — und darin unterscheidet er sich von Anselm — eben nicht Gott überhaupt, sondern Gott in Christus. Ich nenne dies die christologische Wendung, die Schleiermacher der anselmschen Denkfigur verleiht.

---

[49] GL^1 § 121,1; II, 67,8 ff.; vgl. hierzu SL I; SW I, 2,594—596.
[50] GL^2 § 93,2; II, 36,5—22.
[51] Dazu SL I, SW I, 2, bes. 582 f.; 594 ff.; SL II; SW I, 2,606 ff.

Daran nun knüpft sich das metaphysische Interesse. Ich nenne es ein metaphysisches, weil das Denken, gerade indem es sich vor der Eigentümlichkeit des Glaubens bescheidet und also alles vermeidet, was, Glauben und Glaubensinhalt betreffend, über seine ihm selber auffindbare Grenze hinausgeht: weil das Denken gerade darin zu Anstrengungen der Glaubenswahrnehmung und der Glaubensmitteilung gezwungen ist, die es selber gleichsam über seine Grenzen hinausdrängen und -drücken. Das ist der Fall hier im christologischen Zentrum der Glaubenslehre Friedrich Schleiermachers.

Eine Schlüsselfunktion nimmt dabei der Begriff von der „eigentümlichen Würde" Christi[52] ein, welche Schleiermacher zunächst mit dem Begriff „Urbild" belegt[53]. Er kennt aber noch einen zweiten, ebenfalls die „eigentümliche und unvergleichliche Würde Christi" beschreibenden, wenn auch „uneigentlichen" Ausdruck. Das ist sein „Sitzen zur Rechten Gottes"[54]. Uneigentlich ist der Ausdruck insofern, als die Christuserfahrung des Glaubens sich in ihm nicht auf eine bestimmte, mit anderen Ausdrücken zusammenstimmende und das Gemeinte im Horizont der Vernunft exakt aussagende Weise zur Geltung bringt, sondern lediglich auf eine allgemeine bildhafte Weise[55]. Bildhafte Ausdrucksweisen des Glaubens aber, obwohl sie

---

[52] GL² § 93,1; II, 34,8.

[53] Ebd. n. 2; II, 36,20−22.

[54] GL² § 99,1; II, 82,20−25. Der Passus ist in den Parallelausführungen GL¹ § 120; II, 64−66 noch nicht enthalten.

[55] GL² § 17,2; I, 114 ff.; vgl. auch ebd. § 15,1; I, 106,22. − In GL¹ § 2,1; I, 14,35 ist der Sachverhalt erst rudimentär angedeutet. − Anderswo ist zu erläutern, warum der dogmatische Begriff der Bestimmtheit bedarf. Allgemein hierzu: Obwohl sich das Woher des Glaubens dem Denken entzieht, ist der Glaube als humaner Sachverhalt dem Denken dennoch beschreibbar, nämlich als Beschreibung und Mitteilung von Gottesbewußtsein. Darin beschreibt das Denken das Gottesbewußtsein − soweit der Begriff das vermag − in seiner Einheit und Widerspruchsfreiheit (vgl. SL I; SW I, 2,602). Das eigentlich ist das Geschäft der Dogmatik. Deshalb muß sie die Bildersprache des Glaubens auf ihren eigentlichen, vor dem Denken bestandsfähigen Ausdruck bringen, um auch unter der Form des Denkens und als sein innerster Impuls Darstellung und Mitteilung von Gottesbewußtsein zu sein.

gegenüber der wissenschaftlich bestimmten in Erfahren und Erleben die ursprünglicheren[56] sind, können miteinander in Widerspruch geraten und sind also der Mitteilung des Glaubens in wissenschaftlicher Gestalt ungeschickt[57].

Nun ist aber gerade dort auch die Grenze der wissenschaftlichen Ausdrucksweise berührt, wo das fromme Selbstbewußtsein in seiner Bildersprache einen über die Fähigkeit der Wissenschaftssprache hinausschießenden Erfahrungssachverhalt aussagt. In dem Fall gelingt es der Wissenschaftssprache nicht — und kann es auch „des Gegenstandes wegen nicht" gelingen —, „den eigentlichen Ausdruck ... an die Stelle des bildlichen zu setzen"[58]. Das bedeutet: Der begriffliche Ausdruck, welcher sich an die Tatsache des frommen Selbstbewußtseins heftet, vermag gleichwohl nicht nur den Gesamtumfang und Gesamtinhalt dieser Tatsache nicht zu beschreiben. Es bleibt ihm gleichsam ein Rest, so daß der fromme Gemütszustand sich in einem anderen, nämlich ursprünglicheren Medium in höherem und umfänglicherem Maße zur Darstellung bringt[59]. Deshalb kommt der begriffliche Ausdruck, indem er bildliche Ausdrücke unaufgelöst

---

[56] GL² § 17,2; I, 114,18.
[57] Das meint nicht, daß sie weniger wahr, weniger würdig, weniger glaubensförderlich wären. Schleiermacher kennt insgesamt keine Hierarchie der Glaubensmitteilung. Vielmehr teilt sich der Glaube in allen Bereichen und Ausdrucksformen mit. Spezifikum der Wissenschaft aber ist es, Tatsachen in Klarheit und Bestimmtheit des Begriffs sowohl als des Systems darzulegen. Insofern kann sie sich nur an das dem Tatsachenbewußtsein Beschreibbare halten. Die beschreibbare Tatsache im Ausdruck „Sitzen zur Rechten Gottes" ist nicht der Bildinhalt, sondern das fromme Bewußtsein, welches, sich in diesem Bild ausdrückend, die über alle Gegenwirkung erhabene Macht Christi als Gemütstatsache erfährt.
[58] GL² § 17,2; I, 114,12.
[59] In diesem Zusammenhang muß die Definition in KD² § 5; ed. Scholz 2 bedacht werden, nach welcher „christliche Theologie ... der Inbegriff derjenigen wissenschaftlichen Kenntnisse und Kunstregeln" ist, welche zur Leitung der Kirche erforderlich sind. Anders verhält es sich mit der Predigt, die von der bildlichen Ausdrucksweise einen gänzlichen anderen Gebrauch macht. Von daher steht Schleiermachers Predigtarbeit in einer eigentümlichen, aber von hierher aufklärbaren Spannung zu seiner dogmatischen Arbeits- und Ausdrucksweise.

und als uneigentliche stehen lassen muß, nicht umhin, anzuerkennen und zu bekennen, daß es im Gesamtleben der Frömmigkeit ein im eigentlichen Sinne Unaussprechliches gibt, welches von der Wissenschaft nicht ausgesagt werden kann. So aber, daß es gleichwohl im Gemüt erfahrbar und in seiner Wirklichkeit unbestreitbar ist[60]. Von der Art ist der Ausdruck „Sitzen zur Rechten Gottes". Er sagt — bildlich und uneigentlich[61] — die „eigentümliche und unvergleichliche Würde Christi" aus, ohne daß die dogmatische Begriffsbildung, wenn sie ihren Gesetzen treu bleiben will, den besonderen Aspekt dieses bildlichen Ausdrucks durch den eigentlichen ersetzen und benennen könnte. Was also ist gemeint?

Eine Antwort zeichnet sich ab, wenn man nach dem Proprium dogmatischer Arbeit fragt. Die dogmatische Mühe hat, wie alle Glaubensmitteilung, den Zweck der Beförderung der Gottseligkeit[62]. Ihre Besonderung ist, daß sie in Ermittlung und Beschreibung der Tatsachen des christlich-frommen Selbstbewußtseins die christliche Glaubensweise zu immer reinerer Darstellung zu bringen beauftragt ist[63]. Nun liegt dem freilich eine innere Voraussetzung zugrunde, die sich in aller Naivität so bezeichnen läßt: Die „reinere" Darstellung hat eine weniger reine oder eine noch reinere hinter sich, vor sich oder um sich herum. Es gibt also unreine Darstellungen von Gottesbewußtsein (und das sind solche, welche den Kanon der dogmatischen Satzbildung nicht beachten und also spekulatives oder poetisches Sprach- und Gedankengut eintragen), und es gibt (lehrhafte) Darstellungen von Gottesbewußtsein, welche in höherem

---

[60] In seiner Predigtarbeit spricht Schleiermacher hier gelegentlich vom „Geheimnis" der Wirkungen Christi; vgl. z. B. SW II, 2, 196.200.201 (Predigt am Ostermontag zu Lk 24, 30–32). Dazu GL[2] § 100,3; II, 94,13–22; auch GL[2] § 124,2; II, 266 f.

[61] Auch „Erlösung" und „neue Schöpfung" sind im strikten Sinne uneigentliche Ausdrücke GL[2] § 89,1; II, 23,26; II, 24,24.

[62] GL[2] § 133,1; II, 310,7 vgl. SW II, 2,4 (Schleiermachers Vorrede zur Predigtsammlung ebd.); ebenso SW II, 2,269.

[63] GL[2] § 19 Zus.; I, 124,16–18. Entsprechend nennt Schleiermacher die Dogmatik gelegentlich auch gern die „christliche Gottseligkeitswissenschaft" (ebd. I, 124,1); ebenso KD[2] § 84; ed. Scholz 36.

Maße die Reinheit der Frömmigkeitsgefühle ausdrücken[64]. Ziel der Untersuchung ist es, sich über den Gesamtumfang und -inhalt der christlichen Glaubensweise zu verständigen[65]. Impulsgeber und Antriebskraft dafür ist die christliche Glaubensweise selbst, wie sie in jeder christlich frommen Gemütsbewegung mitgesetzt und mitenthalten ist. Insofern ist die Zusammenstimmigkeit und Reinheit der Darstellung immer auch ein Abbild der Kräftigkeit und Reinheit des Gottesbewußtseins selber. Indem Frömmigkeitskommunikation insgesamt um Reinheit und Angemessenheit des Ausdrucks bemüht ist, ist immer auch die Kräftigung und Förderung des Gottesbewußtseins selber mit beabsichtigt. Hierbei ist es Aufgabe der dogmatischen Theologie, die Gesamtheit der Glaubenszustände abzutasten, um auf diese Weise die reinere von der weniger reinen Darstellung zu sondern. Es sind also Unterscheidungen zu treffen und Urteile zu fällen. Das methodische Rüstzeug dafür entlehnt Schleiermacher aus der Dialektik. Deren Aufgabe ist es, das Gesamt des Denkgegenstandes zu sichten, nach seinen Besonderungen zu unterteilen, das einander Entgegenstehende in seiner Entgegensetzung wahrzunehmen und entsprechend zu teilen, um die gefundenen Einzelheiten in ihrer Besonderung wieder miteinander zu verknüpfen[66].

Diesem Verfahren folgt die Glaubenslehre insgesamt. Schleiermacher legt darin immer das ganze Phänomen als irgendwie gemeinsame Vorstellung zugrunde, um alsdann in Entgegensetzung

---

[64] Vgl. hierzu SL I; SW I, 2,602.

[65] GL² § 1,1; I, 8,10.

[66] Dies ist der Grundtakt der schleiermacherschen Methodenlehre. Die Dialektik variiert das Verfahren auf allen Ebenen und auf unterschiedlichste Weise. Der Gemeinpunkt dieser dialektischen Methode liegt in der vorausgesetzten Totalität, derzufolge alles Denken mit allem Sein verknüpft ist und folglich allem Streit ein Gemeinsames zugrundeliegt. Dies Gemeinsame herausgefunden, ist das Denken imstande, die Differenz der Standpunkte kommunikabel zu machen, um auf diesem Wege durch Verknüpfung die differierenden Standpunkte auf das vorausgesetzte Gemeinsame hin zu orten. Im Horizont dieser Methodik steht nicht eine wie auch immer geartete absolute Wahrheit, sondern die sich mitteilende Ausfaltung der subjektiven Bewußtseinsprozesse auf eine kommunikable Gesellschaftlichkeit hin. Vgl. Dial. 117 f.; 461 f. u. ö.; deutlich auch SL II; SW I, 2,626.

und Teilung des Ganzen den in der Zweiteilung gefundenen eigentlich gemeinten Sachverhalt wiederum als das Ganze zu unterlegen, um denselben erneut entgegenzusetzen und zu teilen, bis endlich jene Einheit zur Sprache kommt, welche in ihrem Einssein mit dem Bewußtsein ein weiteres Entgegensetzen und Teilen nicht mehr zuläßt, weil diese Einheit vielmehr als Quelle des Ganzen in seiner Vielfalt kennbar und aussagbar wird.

Von daher entschlüsselt sich der Gesamtaufriß der Glaubenslehre. Das Gesamtphänomen Religion wird zum Vorwurf genommen, entgegengesetzt und geteilt, um auf diese Weise in der Entgegensetzung von Glaube und Vernunft die Eigentümlichkeit des Religiösen dem begrifflichen Ausdruck zugänglich zu machen. Wie von selbst versteht es sich hierbei, daß auch das Eigentümliche des Religiösen geordnet und auf das christliche Proprium hin gesichtet wird, welches nunmehr — das ist dann die eigentliche Dogmatik — in seiner Besonderung, nämlich als das greifbare und erfahrbare Phänomen Christliche Glaubensgewißheit, als Ganzheit zugrundegelegt wird. Die wiederum wird erneut polarisiert. Schlechthinniges Abhängigkeitsgefühl, soweit sein Allgemeines in jedem christlichen Selbstbewußtsein mitenthalten ist, und spezifisch christlich geprägtes Gottesbewußtsein treten einander gegenüber und falten sich als Teil I und Teil II der Glaubenslehre aus. Auf diese Weise werden die Weisheit und Liebe Gottes als die letzte Einheit und Quelle christlicher Glaubensgewißheit deutlich. Gleichzeitig ist der Gedanke nicht von der Hand zu weisen, daß Schleiermachers eigentümlicher Umgang mit der Trinitätslehre hier ihre methodische Verwurzelung hat, sofern, nachdem die letzte Einheit in der Liebe Gottes gefunden ist, eine weitere Sonderung nicht statthaben kann. So gesehen, wäre die Trinitätslehre dem dialektischen Verfahren zum Opfer gefallen.

Konsequenz und Gewinn dieser Verfahrensweise ist es, daß in der Erarbeitung und Betrachtung des innersten Quellgrundes christlichen Glaubens zugleich das Gesamtfeld der geschichtlich vorfindlichen christlichen Glaubensweise auch nach seinen eher randständigen und unspezifischen Diffusionen betrachtet wird[67]. Dabei kommt es in diesem Zusammenhang nun freilich auf den zweiten Teil der Glaubenslehre an. Unterwegs zum propriissimum des christ-

---

[67] Vgl. hierzu Schleiermachers Bemerkungen über den orthodoxen und heterodoxen, ebenso über den assertorischen wie divinatorischen Gehalt dogmatischer Theologie KD² §§ 201—208; ed. Scholz 77 ff.

lichen Glaubens hat Schleiermacher das allgemeine Frömmigkeitsgefühl dem spezifisch christlich frommen Selbstbewußtsein entgegengesetzt. Die Betrachtung des letzteren wiederum — als die jetzt
zur Aufgabe gestellte Einheit gesehen — macht die Entgegensetzung
von Sündenbewußtsein und Gnadenbewußtsein erforderlich. Das
bedeutet: Indem Schleiermacher den christlichen Glauben betrachtet,
beschreibt er ihn methodisch konsequent in seiner Entgegensetzung,
d. h. in der Verspannung von Glauben und Nicht-Glauben, oder,
schleiermachersch gesprochen, nach seinen Polen Minimum des Gottesbewußtseins und Maximum desselben. Die Betrachtung des christlichen Glaubens erweist sich also als Betrachtung einer Einheit,
welche in sich nach Glaube und Unglaube verspannt ist. Indem es
aber hierbei um die immer reinere Darstellung des Glaubens, wie er
im Bewußtsein da ist, geht, so kann der in der Betrachtung des
Glaubens notwendig mitzubetrachtende Unglaube den zugrundeliegenden Glauben nicht seinesteils zum Unglauben machen oder über-
mocht haben, wenn anders der Grundimpuls Glaube bzw. christlich
frommes Selbstbewußtsein nicht von vornherein leer sein soll[68].
Vielmehr: Indem der Glaube sich in der Mühe um seine immer
reinere Darstellung notwendig in der Spannung von Unglaube und
Glaube beschreibt, ist in der Beschreibung das Bewußtsein dessen,
was reiner Glaube ist, also reine Glaubensgewißheit, im Grunde
immer schon vorausgesetzt, so aber, daß diese Voraussetzung nicht
bloß eine begriffliche ist — in dem Fall könnte sich der Glaube gar
nicht in dieser Spannung beschreiben —, sondern so, daß sie in ihrer
ganzen existenziellen Wirklichkeit präsent ist[69]. Die Glaubensgewißheit an ihr selbst ist die Voraussetzung ihrer Selbstbetrachtung und
Darstellung in der Spannung von Sünde und Gnade.

Nun kann aber wiederum die Glaubensgewißheit nicht bloß eine
momentane und flackernde sein. Sie muß vielmehr in allen Unste-
tigkeiten ihrer impulsgebenden Intensität ständig, und sei es gegen
ein vollständiges Minimum hin, in vollem Umfang gegenwärtig

---

[68] Vgl. GL¹ § 121,1; II, 67,1−30; GL² § 100,3; II, 94 ff.
[69] GL¹ § 38,2; I, 127,25−31; vgl. auch GL² § 149,1; II, 387,22.

sein[70]. Glaubensgewißheit bzw. Gottesbewußtsein ist aber ein humaner Sachverhalt. Geschöpflich-menschliche Natur ist ihr Träger und Subjekt. Und wiederum ist vom vollen Umfang der Glaubensgewißtheit zu sprechen, weil eine Minderung ihres Umfanges notwendigerweise eine Minderung ihrer selbst, also Minderung an Gewißheit und folglich Fast-Gewißheit bzw. Ungewißheit wäre — eine offenkundige Unmöglichkeit.

Hieraus folgt: Gewißheit läßt (weder nach der Seite des Begriffs noch nach der Sach- und Erfahrungsseite des Gewißseins selber) eine Maximierung oder Minimierung nicht zu. Der Begriff ist insgesamt nicht quantifizierbar. Beinahe-Gewißheit ist nicht Gewißheit, sondern Ungewißheit, und Beinahe-Glauben ist nicht Glaube, sondern Unglaube[71]. Es kann sich allenfalls darum drehen, wie weit eine Gewißheit sich im Gesamtlebensgefüge des gewissen Subjekts durchsetzt, und wie weit sie in ihrem Durchsetzungsvermögen versagt. Die Mühe um die reinere Darstellung der Gewißheit setzt also im darstellenden Subjekt die Präsenz von Gewißheit voraus. Damit ist aber sachlich der reine Glaube selber in seiner Präsenz vorausgesetzt. Er tritt gleichsam dem in der Spannung von Unglaube und Glaube lebenden konkreten Menschen als eine andere, der den konkreten Menschen belastenden Spannung nicht unterlegene Wirklichkeitsdimension gegenüber. Eine Vermischung beider Wirklichkeitsdimensionen ist nicht möglich. Die von der Spannung Unglaube—Glaube gezeichnete Wirklichkeit erweist sich jener zweiten des reinen Glaubens gegenüber insgesamt als Unglaube[72], so daß die existenziell erfahrene Spannung von Unglaube und Glaube der Sache nach die Wechselwanderung des glaubenden Subjekts zwischen beiden vollständig geschiedenen Wirklichkeitsdimensionen aussagt und erfahrbar macht. Ich folgere daraus: Indem Schleiermacher die christliche Glaubensgewißheit zum Fußpunkt der immer reineren Darstellung christlichen Glaubens nimmt, ist der reine

---

[70] GL² § 149,1; II, 388,4.
[71] Rr 298; ed. Meiner 165.
[72] So dem Duktus nach GL² § 86,2; II, 12 f., bes. ebd. Zeile 34.

Glaube, die wirkliche christliche Gottseligkeit, als eigene, gegenwärtig anwesende Wirklichkeitsdimension des Glaubens immer schon mitausgesagt und mitgesetzt. Diese Wirklichkeit ist gottmenschlicher Natur und geschaffenen Wesens (sofern gilt: das Gottesbewußtsein ist geschaffenes Bewußtsein) in voller Jetzthaftigkeit. Oder auch: die Gottseligkeit, das vollumfänglich ungetrübt in stetiger Kräftigkeit erfahrene menschliche Gottesbewußtsein ist jetzt als wirkende Wirklichkeit im Glauben der Glaubenden da. Man sieht: Beschrieben ist Christus, der geschaffene Mensch des stetigen Gottesbewußtseins, im Jetzt seiner vollumfänglichen Wirksamkeit.

Hierbei nun kommt es auf den Begriff der Wirksamkeit an. An unzähligen Stellen seiner Glaubenslehre spricht Schleiermacher von der fortwährenden Wirksamkeit Christi. Der Glaube insgesamt ist sein Werk und seine Wirkung. Das ist kaum nach Weise einer Raum und Zeit übergreifenden Fernwirkung zu denken. In dem Fall nämlich müßte die sich auf Christus gründende Glaubensgewißheit mit wachsendem räumlichen und zeitlichen Abstand eher ab- als zunehmen[73]. Das ist aber offenbar nicht so. Vielmehr empfängt der Glaubende aktual und in der Situation des sich belebenden Glaubens eine Mitteilung der „unsündlichen Vollkommenheit" Christi[74]. Wirkursprung dieser Mitteilung ist Christus selbst. Es ist die von ihm ausströmende gnadenhafte absolute Kräftigkeit des Gottesbewußtseins, welche im Gemüt des Glaubenden Wohnung nimmt. Schleiermacher spricht hier in der Sprache der Predigt von der Einwohnung des Vaters durch den Sohn in der frommen Seele[75]. Das bedeutet letztendlich nichts anderes, als daß im Empfang bzw. im Kräftigwerden des Glaubens Christus selber der Handelnde ist. Ist er aber der fortwährend Handelnde, so muß für ihn selber als für ihn selber in irgendeiner Weise ein Da-sein und ein Gegenwärtigsein prädiziert werden. Und dieses Da-sein und Gegenwärtig-sein

---

[73] GL^2 § 88,2; II, 20,4 ff.

[74] Ebd. LS; II, 18.

[75] Vgl. etwa SW II, 2,186 (Osterpredigt zu Röm. 6,4—8); ebd. 213 f. (Himmelfahrtspredigt zu Mk. 16,14—20). Auch GL^2 § 100,1; II,90; ebd. § 106,2; II, 149,27.

Christi kann seiner Subjekthaftigkeit nach auch kein anderes als das desjenigen sein, der seinerzeit in Fleisch und Blut unter seinen Jüngern weilte und als solcher durch den Totaleindruck seiner Person die Richtung auf die Vollkommenheit des Gottesbewußtseins in seinen Jüngern wirkte. Es ist also nicht etwas *an* Christus, welches bis auf den heutigen Tag wirksam ist, gleichsam ein bleibendes, mit dem Tode der Person nicht hinfallendes, statt dessen weiter wirkendes Werk[76]; es ist vielmehr, indem der Glaube sich der Wirksamkeit Christi verdankt, jetzt und für alle Zeit Christus selber im neuen Gesamtleben des Glaubens in Lebendigkeit wirksam. Die aber, die Lebendigkeit Christi, kann nicht anders gedacht werden als so, daß Gott sein Insein in Christus als in einem natürlichen geschaffenen Menschen bei sich selber und vor sich selber festgehalten hat und festhält[77] und also bis auf diesen Tag und für alle Ewigkeit durch ihn als durch die von Gott selbst hervorgerufene und begründete neue Schöpfung wirksam ist. Fährt aber Gott fort, durch ihn und in ihm als durch seine und in seiner neuen Schöpfung wirksam zu sein, so ist die menschliche Natur Christi — und zwar nicht bloß als pars pro toto und Paradigma des Ganzen, sondern die den Menschen Jesus ausmachende und begründende Schöpfungsnatur Jesu — nicht im Tod erloschen, sondern er selbst als der Anfänger und Vollender des Glaubens bei Gott und vor Gott lebendig und wirksam[78].

---

[76] GL² § 92,1 in toto; II, 31 f.; vgl. SL I; SW I, 2,596.

[77] Anders wäre die Bemerkung über das Gebet Jesu, der uns vor dem Vater vertritt, nicht zu verstehen GL² § 104,5; II, 134,12 und ebd. 135,1−5.

[78] GL² § 104,4; II, 130,23. − Zum Folgenden vgl. GL² § 124,2; II, 267,1−18 und GL¹ § 143 in toto (II, 203−207). Ebd. n. 1 (II, 203,12−15) ist der christologische Rückbezug der Geistmitteilung gegenüber GL² par. deutlicher akzentuiert: Die Geistmitteilung setzt die personale Vollkommenheit Christi ursprunghaft voraus. Dies erscheint so markant in GL² an selber Stelle nicht mehr. Dafür hebt GL² § 124,1 auf die „Herrschaft Christi" ab, deren wir uns bewußt sind (II, 265,13), während die christologische Spekulation aus GL¹ nur noch andeutungsweise erscheint. Es kann daher mit Recht gefolgert werden: Die christologische Vollkommenheitsattribution ist sachlich unter dem Gegenwartsbegriff der Herrschaft Christi enthalten.

Dem widerspricht nicht, daß Schleiermacher des öfteren als das Subjekt der Christuswirksamkeit den „Geist Christi" benennt. Es widerspricht jedenfalls dann nicht, wenn der Geist Christi nicht als etwas getrenntes Zweites, der Menschennatur Christi Hinzutretendes gedacht wird, sondern als das, was er der Sache nach ist: nämlich die in personaler Subsistenz vorfindliche und auf diese Weise wirksame Gestalt Jesu in der absoluten Kräftigkeit seines Gottesbewußtseins. So gesehen, ist der Geist Christi nichts anderes als die mit dem Ende seines irdischen Geschicks gegebene unverlierbare Daseinsweise der vor Gott in schlechthinniger Kräftigkeit des Gottesbewußtseins gesetzten menschlichen Person des Erlösers.

Nun nenne ich dies einen metaphysischen Sachverhalt, weil sich an dieser Stelle die scheinbar naht- und fugenlose Einlinigkeit von Schleiermachers Wirklichkeitsverständnis auf eigentümliche Weise öffnet. Es handelt sich nämlich bei dieser Christuswirklichkeit um eine allen menschlichen Wirklichkeitszugängen enthobene, dem denkenden Begriff ungreifbare, gleichwohl aber in der Lebenskraft des Glaubens unabweisbare und als diese auf das Ganze der alten Weltwirklichkeit unbezügliche gott-menschliche Gesamtwirklichkeit, deren einziger Zugang im Fortwirken Christi selber liegt. Das Problem hieran ist, daß sie als solche nicht benannt werden kann, ohne sich durch das Medium der Sprache an die alte Weltwirklichkeit zu verlieren. In der Tat liegt hier ein Geheimnis. Das einzige quasiontologische Prädikat dieser gottmenschlichen Wirklichkeit ist ihre Erfahrbarkeit, die aber wiederum Erfahrbarkeit ist lediglich im Akt vollzogener Erfahrung, also in jenem vorbegrifflichen und vorsprachlichen Zentrum des Bewußtseins, in welchem die Schlechthinnigkeit der Wirksamkeit Gottes in Christus unmittelbar und unaussprechlich *da* ist.

Zu erinnern ist hier an das, was ich oben die anselmsche Struktur im Denken Schleiermachers genannt habe, soweit sie sich christologisch wendet. Christus selber, das Insein Gottes in ihm zur absoluten Kräftigkeit des Gottesbewußtseins, ist das quo maius cogitari non potest[79]. Die Anerkenntnis dieses Sachverhalts ist eine Erfah-

---

[79] Vgl. hierzu auch GL² § 93,2; II, 38,18–21.

rungstatsache, deren Ursprung in der gläubigen Seele dem Gottes-bewußtsein Christi gegenüber nicht ein Zweites ist; vielmehr ist solche Anerkenntnis selber Ausdruck der Einwohnung Christi im frommen Gemüt. Sie ist somit ein unmittelbarer Akt der personalen Begegnung und im letzten Ende und dem Kern nach die Einbergung der menschlichen Person in die Relation der Liebe, die im erhöhten Christus waltet.

Ist nun die Christuseinwohnung als ein Akt der personalen Begegnung zu verstehen, so ist dabei zweierlei bewirkt: Zuerst tritt die fromme Seele in ihrer Wiedergeburt durch Christus, deren eigentlicher Wirkgrund und Täter Christus selber ist, als eine neue Schöpfung in personale Relation zu Gott. Damit konstituiert sich in Christus überhaupt erst das Personsein der christlichen Person [80]. Zum andern findet (analog dem anselmschen Verfahren) diese personale Konstitution ihren ersten Ausdrucks- und Handlungsvollzug in einer nichtverobjektivierbaren dialogischen Situation. Die akklamative gottesdienstliche Anbetung mitsamt dem dazugehörigen Sprach- und Symbolhandeln ist der erste freie Tatausdruck der Erlösten. Von daher bestimmt Schleiermacher die kirchliche Gemeinschaft zuallererst als dialogische Gemeinschaft, welche sich ganz und gar freiem Handeln verdankt [81]. Es ist also die Anrufung jenes in der Einleitung GL² als Woher des schlechthinnigen Abhängigkeitsgefühls Bezeichneten unter dem Namen Gott der ursprüngliche Akt der Frömmigkeit. Dieser Namensakt hat freilich nicht zuerst deskriptiv-feststellenden, als vielmehr akklamatorisch-dialogischen Charakter [82]. Insofern ist das Gebet im Namen Jesu der dem Sachkern nächste Entfaltungszusammenhang jener in Christus und durch Christus eröffneten gottmenschlichen Wirklichkeit der neuen Schöpfung [83].

Nun allerdings enthält dieser Gedankengang eine wesentliche Voraussetzung. Christus, wie er der frommen Seele einwohnt, bzw.

---

[80] GL² § 100,2; II, 92,14—30.

[81] GL² § 2,2; I, 12,14.

[82] „Fromm sein und beten, das ist eigentlich eins und dasselbige" SW II, 1,28 (Predigt über die Kraft des Gebets).

[83] Vgl. Rr 302; ed. Meiner 168. — Vgl. auch GL² §§ 146.147.

der Geist Christi, wie er den Glauben wirkt, bzw. der Erlöser, wie
er, seine unsündliche Vollkommenheit mitteilend, in die Kräftigkeit
seines Gottesbewußtseins hineinnimmt — also das Sein Christi im
Gläubigen ist nachweislich und nachdrücklich von Christus selber
zu unterscheiden in der nämlichen Weise, wie Gott selber von seinem
Sein in der Welt zu unterscheiden ist[84]. Diese Unterscheidung ist
erforderlich, um die Sachhaltigkeit der gläubigen Christusbegegnung
zu sichern. Das In-sein Christi in der Seele des Einzelnen setzt,
gerade als In-sein Christi, das An-ihm-selber-sein des lebendigen
Christus zwingend voraus. Der lebendige Christus an ihm selber ist
als er selber der Anfang der neuen Schöpfung, der zweite Adam,
Mensch in vollkommener Geschöpflichkeit. Das weist ein ebioniti-
sches Verständnis ab, demzufolge der geschichtliche Christus nichts
als ein ausgezeichneter Lehrer gewesen wäre[85]; und das weist ebensosehr ein doketisch-gnostisches Verständnis ab, demzufolge die
menschliche Natur Christi lediglich als ein Schein begriffen würde,
so daß jetzt hervortretendes christliches Gottesbewußtsein in seiner
Geschöpflichkeit mit dem Jesu in keinen inneren Zusammenhang
treten könnte[86]. Beide klassischen Abweichungen der Christologie
werden hinfällig angesichts der im Glauben empfangenen Erfahrung,
daß es der geschichtliche Jesus Christus in der unsündlichen Vollkommenheit seines Gottesbewußtseins ist, welcher den Zugang zum
Vater eröffnet. Dabei kommt alles auf die Geschöpflichkeit Christi
an. Diese festgehalten, ist es völlig einerlei, ob lediglich von einem
Geist Christi, von Christus selber oder etwa (was Schleiermacher
vermeidet) von der Verklärung seines Leibes die Rede ist. Da es
Christus in seiner Geschöpflichkeit ist, der jetzt zur Rechten des
Vaters sitzt, ist es müßig, über die Beschaffenheit seines Auferste-
hungsleibes zu spekulieren. Es ist auch müßig, einen (imaginären)
Geist Christi gegen einen (postulierten) leiblich Auferstandenen abzusetzen und auszuspielen. Faktum ist, daß der Geschaffene an ihm

---

[84] SL I; SW I, 2,594.
[85] SL II; SW I, 2,615 ff.
[86] GL² § 22,2; I, 131,33 ff.; hierzu SL II; SW I, 2,616.624 ff.

selber und bei ihm selber und außerhalb der Vorstellungswelt des Glaubens als reale ineffabile lebt[87]. Sein Tod hat sein lebendig-wirksames Geschaffensein nicht weggenommen. Vielmehr hat Christus mit seiner Auferstehung Unsterblichkeit erlangt[88], nicht freilich als Unsterblichkeit des Gedankens, vulgariter dictu, sondern Unsterblichkeit seiner Geschöpflichkeit an ihr selber[89]. Er lebt als der Erhöhte vor Gott und bei Gott und ist als solcher im Leben der Glaubenden wirksam und der Herr seiner Kirche[90].

Nun ist das Problem freilich dies: Wenn diese Überlegung im Kern für Schleiermacher zutrifft, wenn es also zutrifft, daß es Christus in seiner lebendigen Geschöpflichkeit ist, der uns den Glauben einstiftet und uns das Herz und den Mund zur Anrufung Gottes öffnet, so ist die im Glauben erfahrene Wirksamkeit und Wirklichkeit Christi, da sie sachangemessen (wenn auch unter der Form des uneigentlichen Ausdrucks) als sein Sitzen zur Rechten Gottes ausgesagt werden kann, dem *Ausdruck* nach unstreitig zugleich ein *Vorstellungs*sachverhalt; eine Vorstellung also, wenn auch von jener Art, die als nächstursprüngliche am Kern der Sache entsteht. Seine Zulässigkeit bezieht er aus seiner sachlichen (und erfahrbaren) Notwendigkeit. Man kann für den gemeinten und erfahrenen Sachverhalt wohl auch einen anderen, aber man kann nicht *keinen* Ausdruck benutzen. Ich folgere daraus: Die Sachlichkeit der lebendigen Wirksamkeit Christi im Glauben überführt sich von sich aus in die

---

[87] GL² § 104,5; II, 134,29−135,13; vgl. GL¹ § 125,5; II, 96,21 ff.

[88] GL² § 98,1; II, 80,10.

[89] Das ergibt sich deutlich aus Schleiermachers Formulierung ebd.; vgl. GL¹ § 118,3; II, 46,9−11: Dort heißt es, wenngleich noch etwas unscharf, „die Unsterblichkeit sei der menschlichen Natur in Christo erst durch die Auferstehung geschenkt worden". Klarer GL² § 98,1, wo Schleiermacher formuliert, „daß der menschlichen Natur Christi die Unsterblichkeit erst mit der Auferstehung sei geschenkt worden". Die Zuspitzung liegt darin, daß der Empfänger des Gnadengeschenks der Unsterblichkeit in GL² die menschliche Natur Christi selber ist, während in GL¹ die menschliche Natur insgesamt, jedenfalls mißdeutungsfähig, als vermittels Christi beschenkte erscheint.

[90] CS; SW I, 12,38.

Vorstellung. Die der Vorstellung zugrundeliegende Glaubensgewißheit aber enthebt dieselbe der Zufälligkeit und Beliebigkeit. Deshalb läßt sich sehr wohl von der *Angemessenheit* des bildhaften Ausdrucks an dieser Stelle reden — angemessen nicht eigentlich deshalb, weil das menschliche Sprachvermögen keinen angemesseneren findet (eine jede Zeit wird auf's neue ihre Ausdrücke suchen und finden müssen), sondern angemessen deshalb, weil Gott in Christus ins Wort kommen will und sich darin mitteilt. Auf diese Weise ist der verbale Ausdruck dem Glaubenssachverhalt zwar nicht dem (quantitativen) Umfang, wohl aber dem Ursprung und der Qualität nach angemessen und also zutreffend. Er beschreibt als angemessener Ausdruck der Glaubensgewißheit den die Glaubensgewißheit begründenden Sachverhalt in wahrer, d. i. zutreffender Weise[91].

Nun ist aber ersichtlich dieser Ausdruck: Sitzen zur Rechten Gottes (wie viele andere der Kernbegriffe Schleiermachers) nicht

---

[91] Die Vorstellungshaltigkeit gilt letztendlich für jeden Begriff, und sei er der abstrakteste, weil der Begriff im Kern immer auch eine Vorstellung enthält (Dial. 404). — Das Gemeinte verdeutlicht sich beispielhaft an Schleiermachers Konstruktion des Begriffs der Heiligkeit Gottes. An ihm zeigt sich exemplarisch, wie aus der Beschreibung des frommen Selbstbewußtseins auf dem Wege der Konvenienz theoontologische Aussagen erwachsen, ohne daß der Sachverhalt sich der Kritik der Metaphysik überliefert. „Wenn wir aber mit der Sünde das Mißfallen daran als einen wesentlichen Bestandteil unseres Selbstbewußtseins finden, und auch dieses in unser frommes Selbstbewußtsein aufnehmen: so können wir nicht anders (sic!) als mit jenen allgemeinen Vorstellungen der göttlichen Ursächlichkeit es verbindend uns eine allmächtige und allwissende Heiligkeit Gottes denken, in welcher dann dieses liegt, daß das in unserm zeitlichen Bewußtsein erscheinende Mißfallen … allerdings auch in der göttlichen Causalität gesetzt sei und daß alle Entwicklungen desselben als Eins gesetzt, und dies ist doch in seinem ganzen Umfang das Gewissen, in dem höchsten Wesen auch idealiter vorgebildet sind." GL[1] § 105,2; I, 345,34 — 346,9. — Diese massive Formulierung verschwindet in GL[2] § 83,3; I, 449,2 zugunsten der Feststellung, daß wir aus den dargelegten Gründen Allmacht und Allwissenheit Gottes „als heilige setzen können" (ebd. Zeile 9). Dabei verhalten sich nach meinem Urteil GL[1] zu GL[2] als das Gemeinte zum Aussagbaren: Gerade um das in GL[1] l. c. Gemeinte angemessen auszusagen, sind in GL[2] alle Anklänge an die traditionelle und das Verständnis hemmende (weil Gott der Welthaftigkeit des Denkens ausliefernde) Metaphysik getilgt.

bloß ein Glaubensausdruck, sondern darin zugleich ein Begriff mit mancherlei anderem Bedeutungsinhalt[92]. Der in seiner kosmologischen Bildhaftigkeit macht ihn zu einem „uneigentlichen", d. h. zu einem der wissenschaftlichen Zusammenstimmigkeit mit anderen Begriffen untauglichen Ausdruck[93]. Sein Mangel an Wissenschaftlichkeit macht ihn gleichwohl nicht zum unzutreffenden, sondern lediglich zum unwissenschaftlichen Ausdruck. Indem u. U. aber der unwissenschaftliche Ausdruck der ursprünglichere und sachnähere ist, gestaltet sich in der äußersten Dichte der Frömmigkeitserfahrung und -mitteilung jeder Frömmigkeitsbegriff und also auch der wissenschaftliche gewissermaßen mit Sachnotwendigkeit zu einem Kreis angemessener und d. h. zutreffender Vorstellungen. Ich nenne dies nun das metaphysische Folgeproblem an der Theologie Friedrich Schleiermachers, weil an ihrem christologischen Sachkern die Transformation auch des wissenschaftlichen Begriffs in die theo-ontologische Prädikation sachlich unausweichlich ist und sich von hier aus das Problem der bloß vorstellenden biblischen und kirchlichen Ausdrucksweisen auf neue Weise stellt. Dann nämlich stellt es sich, wenn der Glaube in seiner Christusgewißheit mit der von Schleiermacher festgehaltenen Christusleidenschaft den klaren Ausdruck seines Ursprungs- und Sachgehalts in der Welt der Vorstellung eher als in der Begriffssprache der Wissenschaft findet. Darum heißt jetzt — die Richtigkeit von Schleiermachers Analyse der Glaubensgewißheit zugrundegelegt — die entscheidende Frage: Ist die Vorstellungswelt

---

[92] „Sitzen zur Rechten Gottes" hat eine kosmologische Dimension; „Würde Christi" beschreibt einen teils anthropologischen, teils ästhetischen, teils ontologischen Vorstellungsverhalt. „Wirksamkeit Christi" enthält die Vorstellung verursachender Kausalität, beschreibt also eine physiko-ontologische Vorstellung; so daß eigentlich jeder dieser Begriffe und christologischen Würdetitel als zugleich mit Vorstellungen vermischt und von seiner uneigentlichen Seite her angesehen werden kann.

[93] Vgl. GL² § 17,2; I, 114 f.; kürzer in GL¹ § 4,3, wo Schleiermacher „die unmittelbar gegenständlichen Bestandtheile" der Sprache „die ursprünglichsten und wesentlichsten" nennt" (I, 18,17—21). Vgl. hierzu die Studie über die Mitteilung des Glaubens.

des Glaubens mitsamt allen Elementen, die sich dem wissenschaftlichen System nicht schicken, sachangemessen bloß als poetisch-
anthropomorphes Mitteilungsinstrumentarium des Glaubens zu verstehen, oder bildet sich in ihr nicht doch sicut speculo animae die
Sachhaltigkeit des Geglaubten in höherer Weise ab als in der Stimmigkeit des wissenschaftlichen Sprachbegriffs?
Die Frage stellen, heißt das letztere behaupten. Und so erkenne
ich nun also eine in Schleiermachers Denken liegende bzw. dasselbe
in seiner Eigentümlichkeit begründende Sachambivalenz[94], welche
zufolge der Nicht-Feststellbarkeit oder Nicht-Objektivierbarkeit des
in ihm zur Sprache kommenden Gehalts eo ipso die Grenze des
welthaft gebundenen und definierten „eigentlichen", d. h. gedanklich
und begrifflich stimmigen Ausdrucks darstellt, um gleichsam durch
die korrigierende Eingrenzung des Denkens auf das dem Denken
als Denken Aussagbare hindurch sich in der Totalität der Glaubens-
äußerungen zur zutreffenden und also gültigen Darstellung zu bringen. Der Sachgehalt der theologischen Metaphysik wandert seinem
Vollumfang nach gewissermaßen aus der Sprache des begrifflichen
Denkens aus (das ist als historischer Vorgang nach I. Kant strikt
festzuhalten!) und stellt sich statt dessen in einer die sprachlich
metaphysische Einengung weit übergreifenden Würde in der Summe
der Lebensäußerungen des Glaubens dar. Die Dogmatik verliert auf
diese Weise die höheren Würden der (allein seligmachenden) Wahr-

---

[94] Vgl. zum folgenden GL¹ § 33 Zus.; I, 117,21 – 118,38. Dazu auch ebd. Einleitung
   des Bandherausgebers I, LV. Zwar weist Schleiermacher hier das Anliegen
   A. Twestens, auch solche Sätze als dogmatische zuzulassen, „die in der Ausdeh-
   nung, die ihnen die Reflexion giebt, nicht auf primäre Weise im religiösen Gefühl
   liegen können, wohl aber auf eine secundäre Weise, indem das religiöse Gefühl
   dem in einer gewissen Allgemeinheit ausgesprochenen Satz bestimmt", mit Hinweis auf seine Abwehrhaltung gegen den Einfluß der Metaphysik auf die Theologie ab. Dennoch ist hier sehr wohl die entscheidende Frage thematisiert, indem
   nämlich das Desiderat der Integration solcher Glaubensvorstellungen markiert
   ist, welche zwar in der Tat nicht einer wissenschaftlichen Sprachführung genügen
   (und insofern keine dogmatischen Sätze sein können), aber dennoch für den
   Glauben aus seinem inneren Erleben heraus zustimmungsfähig, womöglich sach-
   notwendig sind.

heit. Sie hält sich an denjenigen Ausdruck des Denkens, der im Glauben vor dem Denken als Denken verantwortet werden kann. Zugleich aber reiht sich die Glaubenslehre hierin (keineswegs nivellierend, aber in einem gewissen hierarchischen Sinne) in die Gesamtkommunikation des Glaubens ein, welche in ihrer Totalität der mit Christus gesetzte Wirklichkeitszusammenhang selber ist[95]. Von hier aus treten alle mitteilenden und darstellenden Handlungen bzw. Lebensäußerungen des Glaubens gleichrangig und einander von der Selbigkeit des Ursprungs her ergänzend neben die Dogmatik, diese jetzt als eine unter anderen Ausdrucksweisen christlicher Frömmigkeit (und zwar als die von kerygmatisch-didaktischer Art) bestimmend. Zur Erhebung der mit Christus gesetzten Gesamtwirklichkeit aber ist die Einbindung und Einsicht in die Gesamtsumme der mit seiner Wirksamkeit im Glauben gegebenen Lebensäußerungen angemessen und erforderlich.

Springpunkt dieser Überlegung ist: Indem die Totalität der Lebensäußerungen des Glaubens in ihrer Gesamtheit die Wirksamkeit ihres Ursprungs zur Darstellung bringt und in einer dem feststellenden Denken nicht zugänglichen, aber dem Glauben erfahrbaren Weise abbildet, ist über den Sachgehalt der vorkritischen metaphysischen Aussageweise nicht entschieden, wohl aber über die Aussageweise in bezug auf diesen Sachgehalt: daß sie nämlich als dogmatische Glaubensaussage unzutreffend ist[96]. Gleichwohl findet sich der Sachgehalt an anderer Stelle und unter anderem modus dicendi des sich äußernden und sich mitteilenden Glaubens wieder, sei es unter der Form der Poetik, sei es unter der der Rhetorik, sei es unter der des sittlichen Handelns.

---

[95] So ist die Kirche die „in ihrer Reinheit und Vollständigkeit unsichtbare ... Gemeinschaft, die in der That und Wahrheit der Leib ist, der von seinem Haupte vom Himmel aus regiert wird und geordnet, und in der sich die Kräfte und die Gaben des Geistes, der alles aus der Fülle des Erlösers nimmt, zu seiner Verherrlichung äußern". SW II, 2,209 (Predigt zu Mk. 16,14—20).

[96] Vgl. Dial. 312. — Strukturell scheint mir hier Adornos Negative Dialektik, Frankfurt a. M. 1966, nicht fernzuliegen, der ich mich in den Bemerkungen über das Nichtidentische und über das feststellende Denken verpflichtet weiß.

Ich verdeutliche das am Beispiel der vollkommenen Unbezüglichkeit Gottes, wie sie im Lehrbegriff von Gottes Aseität gefaßt ist[97]. Schleiermacher verwirft den Ausdruck als spekulativ und für die christliche Glaubenslehre irrelevant, sofern Aussagen über Gott außerhalb und vor der Grundlegung der Welt nicht Beschreibung einer christlich frommen Gemütstatsache sein können. Damit ist aber über den intendierten Sachverhalt — Gott an ihm selbst — nicht mehr gesagt, als daß die spekulative Aussage darüber als spekulative dem Bereich des streitigen Denkens angehört und also dem Glauben nicht konstitutiv sein kann. Folglich kann niemand genötigt werden, die Aseität Gottes anzuerkennen, um als wirklicher Christ zu gelten. Daher scheidet die Lehre von Gottes Aseität aus dem Umkreis der christlichen Glaubenslehre aus. Denn dieser Lehrbegriff ist kein Ausdruck christlicher Glaubenserfahrung, sondern ein — wenn auch spekulativ fragwürdiges — Konstrukt des Denkens.

Wie aber nun, wenn er als Ausdruck lebendigen Christusglaubens festgehalten wird? In dem Falle bildet der Begriff der Aseität Gottes lediglich einen uneigentlichen, nämlich poetischen[98] Ausdruck, wel-

---

[97] Unbezüglichkeit Gottes ist kein schleiermacherscher Begriff. Ich führe ihn ein, um den biblisch fundierten und in der Hochscholastik begrifflich fixierten Gedanken zu skizzieren, demzufolge in Gott selbst eine relatio realis ad creaturam nicht ist und also Gott vor und über allem Geschaffenen im absolut suffizienten Selbstand des göttlichen Wesens an ihm selber ist. Neuscholastisch tritt hier der Begriff der Aseität Gottes ein (Schlüter, D., Art. Aseität; HWdPH I, 535 f.), der sich seither als für den gemeinten Sachverhalt griffige Chiffre durchgesetzt hat. Vgl. hierzu GL¹ § 49,5; I, 146 f., bes. 147,26—31; ebd. § 68 a,6; I, 210 f.; GL² § 41,2; I, 201 ff., bes. 203,17—20; ebd. Zus.; I, 204,7; ebd. § 54 Zus.; I, 287 ff.; Dial. 300 ff. Wie gewichtig der hier in Frage stehende Sachverhalt für das Denken Schleiermachers ist, legt sich vor allem aus der Denkanstrengung der Dialektik nahe, welche auf der Suche nach den Denkgrenzen für die begriffliche Fassung des „transzendenten Grundes" immer an einer letzten Relation von bedingt-unbedingt o. ä. scheitern, so daß man urteilen muß: Die Anstrengung der Dialektik auf diesem Gebiet bezieht ihr Pathos geradezu aus der sachlichen Aseität Gottes, die aber um der Korrektheit des Ausdrucks und der Redlichkeit des Denkens willen gerade nicht begrifflich ausgesagt werden kann. Ich beschreibe deshalb hier den gemeinten Sachkern mit dem Begriff der Unbezüglichkeit Gottes.

[98] GL¹ § 50,3; I, 149,22—29.

cher unter Hinsicht auf die Wissenschaftlichkeit der Glaubenslehre auf seinen eigentlichen Aussagegehalt befragt werden muß. Hier nun wird sich — schleiermachersch gedacht — der Ausdruck augenblicklich als ein solcher darstellen, welcher die eigentümliche und unauslotbare Würde Gottes in ihrer Unbezüglichkeit auf die geschaffene Welt zum Ausdruck bringt[99]. Unter dieser Fragestellung nun wird sich alsbald zeigen, daß sich die unbezügliche Würde Gottes sehr viel klarer, nämlich frei von willkürlichen Denkoperationen, an dem eigentlichen Ausdruck der Liebe Gottes, wie sie in Christus offenbar geworden ist, verdeutlichen läßt. Denn was ist das Für-sich-Sein Gottes gegen die in Christus geschehende Selbstoffenbarung seines göttlichen Wesens unter der Gestalt der vollständigen Erlösungsgewißheit[100]? Und so wird dann der mindere gegen den höheren Begriff im Zusammenhang der Glaubenslehre fallen. — Nun kann aber der Begriff von der Aseität Gottes durchaus noch etwas anderes ausdrücken. Das ist in seiner doxologischen Fassung der Fall, und zwar dann, wenn der Glaube Gott in seiner alle Zeit und allen Raum übergreifenden Gottheit aussagen will. Zweifellos liegt dem alsdann ein Erfahrungssachverhalt des Glaubens zugrunde, nämlich ein Verlangen der gottesbewußten Seele, welche im Widerfahrnis des Glaubens und kraft Glaubens Gott will alles und sich selber will nichts sein lassen. In solcher Gestimmtheit des Gottesbewußtseins, also in der Erfahrung der absoluten Weltüberlegenheit Gottes, kann sich

---

[99] Entsprechend dolmetscht die Glaubenslehre den Sinngehalt der Lehre von der Aseität Gottes dahin, „daß zu irgend etwas in Gott ein Bestimmungsgrund außer Gott nicht zu setzen ist" (GL² § 54 Zus.; I, 289,3).

[100] Natürlich ist auch dies spekulativ gedacht. Größer nämlich als der Gott, der an sich und bei sich selber vor aller Schöpfung gedacht wird, ist der Gott, der sich im absoluten Gottesbewußtsein, d. h. (mit einer Formulierung Bonaventuras, Breviloquium IV, 1; Opera omnia V, 241 a) in der coniunctio summe distantium offenbart. Der mittelalterliche Traditionsstrom ist hier mit Händen zu greifen (vgl. Fischer, Konrad, De Deo trino et uno; Göttingen 1978, 221 ff.). Daß Gott sich mitteilt, ist das erste Wunder; und daß diese Mitteilung uns Menschen als Mitteilung Gottes in Christus zweifelsfrei gewiß ist, das ist die andere Seite des Wunders, das Gott heißt (GL² § 167,2; II, 451,6—15).

die Sprache des Glaubens nicht genugtun, die Größe und Unbezo-
genheit Gottes zu benennen. Und so unstreitig vor dem Denken
wahr bleibt, daß Gott ohne Welt nicht gedacht werden kann, so
unstreitig wahr bleibt vor der lebendigen Erfahrung des Glaubens
aber auch, daß die in der Disziplin des Denkens getroffene Aussage,
derzufolge Gott nicht vor, über und nach aller Schöpfung (als creatio
passiva) gedacht werden kann, in ihrer dem doxologischen Impuls
des Glaubens widerstreitenden Eingrenzung dem im Glauben wirklich erfahrenen Sachverhalt nicht Genüge tun kann. An dieser Stelle
bildet die Erfahrung des Glaubens den für das seinen Regeln folgende und also den eigentlichen Ausdruck aufsuchende Denken
uneigentlichen Ausdruck von der vollkommenen Weltüberhobenheit
Gottes. Der freilich — darauf kommt es an — kann dann im
Ensemble der Glaubensaussagen kein dogmatischer sein, weil die
dogmatische Aussage in der Stimmigkeit ihres Denkens immer nur
den seines Glaubens gewissen Glauben, also das Mitgesetztsein Gottes im Glauben des Glaubenden beschreiben kann; aber er bleibt
dennoch eine in der Erfahrung des Glaubens gegebene und also
angemessene und zutreffende Aussage. Deren Gestalt unterliegt nicht
den Regeln des Denkens, sondern denen anderer Mitteilungsweisen,
wie z. B. der Poetik oder der Rhetorik, ohne daß deshalb die nicht-
dogmatische Aussageform minder sachhaltig wäre als die dogmatische. Ich behaupte deshalb: Der metaphysische Sachgehalt des Glaubens hinsichtlich seiner Subsistenz bzw. die absolute Wahrheit Gottes, wie sie im Selbstbewußtsein niedergelegt ist[101] oder eben: die
vollkommene und vollkommen suffiziente Transzendenz Gottes
wechselt in der Theologie Schleiermachers lediglich den Ort. Sie
verläßt die Systematik des feststellenden Denkens[102] (und entledigt

---

[101] Dial. 311.

[102] Klassisch scheint mir hierzu die Denkfigur GL^2 § 4, wo Schleiermacher Gott an
der Stelle ortet, an welcher sich die Frömmigkeit im Gefühl schlechthinniger
Abhängigkeit als in Beziehung zu Gott stehend begreift. In der Sprache des alten
Denkens gewinnt der Gottesbegriff folglich dort seinen Ort, wo die in anima
erfahrene summa dependentia (= schlechthinnige Abhängigkeit) hinsichtlich ihres

sich damit zugleich seines Anspruchs) und entfaltet sich vollständig und angemessen erst in der Summe der Frömmigkeitsvollzüge, von denen ein wesentliches, aber nicht das allein wesentliche Element die dogmatische Aussage ist.

Die Folgen dieser Einsicht für das Verständnis der Theologie Schleiermachers liegen auf der Hand. Die Probleme an ihr mitsamt ihrer oszillierenden Ungreifbarkeit verdanken sich weitgehend der Eingrenzung der Interpretatitionsbemühung auf Schleiermachers systematische Lehre. Ist aber richtig, daß die Lehre nur den für sie geltenden Regeln folgen kann, so kann sie angemessenerweise im Gesamt der Glaubenserfahrung eben auch nur ein Element sein. Das Ganze des im Glauben sich darstellenden Sachverhalts kann darin aber nicht ergriffen noch begriffen werden, weil das Ganze der Gotteswirklichkeit sich im Blick auf die Erfahrung des Glaubens zutreffend und angemessen erst in der Totalität der Glaubensdarstellung und Glaubensmitteilung zum Zuge bringen kann. Wer Gott ist und wie Gott ist und welches die Offenbarung Gottes in Christus ist und wirkt: das kann dann gerade nicht im eigentlichen Ausdruck,

---

Woher als relatio ad Deum begriffen wird. Dem Denken ist alsdann im Begriff Gottes die relatio ad Deum notwendig mitgesetzt, und die Antwort auf die Frage, ob Gott denn zufolge des schlechthinnigen Abhängigkeitsgefühls zugleich als summa productio (= schlechthinnige Ursächlichkeit) oder creatio actio gedacht werden müsse, kann nur dahin entschieden werden, daß Gott von dem Gefühl schlechthinniger Abhängigkeit her als summa productio nur beschrieben werden kann unter der Aussageform der Beziehung zu Gott (Deus est summa productio seu creatio actio cum relatione ad creaturam ratione tantum, sed cum relatione creaturae ad Creatorem revera). Damit ist aber lediglich nachgewiesen, daß das Denken das Woher des schlechthinnigen Abhängigkeitsgefühls sachangemessen nicht erreichen kann bzw. angesichts der im Glauben erfahrenen schlechthinnigen Unbezüglichkeit Gottes vor dem aporetischen Dilemma steht, entweder über seine Möglichkeiten hinweg Gott an ihm selbst aussagen zu wollen oder aber unter Inanspruchnahme einer relatio Dei ad creaturam für den Begriff (also ratione tantum) zur Konstruktion des Gottesbegriffs eine Nichtigkeit zu Hilfe nehmen zu müssen, die ihrerseits die relatio creaturae ad Deum wesenhaft in Gott einträgt. Zum Problem, soweit es die Diskussion zwischen Bonaventura und Thomas v. Aquin betrifft, vgl. meine o. g. Arbeit De Deo trino et uno, 136−139.

sondern nur im Gesamt des Glaubenslebens, d. h. in Entgegensetzen und In-Beziehung-Setzen von eigentlichem und uneigentlichem Ausdruck seine zutreffende Entfaltung finden; also im Gesamtleben der christlichen Frömmigkeit[103].

Hierbei tritt nach derselben Logik, welche der Beziehung von reinem zu unreinem Glauben innewohnt, die Entgegensetzung bzw. die Bezogenheit von eigentlichem und uneigentlichem Ausdruck im ganzen auf die Seite des Uneigentlichen. So wie sich der bildliche Ausdruck zum didaktischen als uneigentlicher zum eigentlichen verhält und sich *in* dieser Beziehung also die Totalität des Glaubenslebens gleichwohl in angemessenerer Weise zum Ausdruck bringt als im allein didaktischen, so verhält sich die Beziehung von bildlichem *und* didaktischem Ausdruck insgesamt als uneigentlicher zum eigentlichen, der wiederum mit dem Begriff vom Gesamtleben der Kirche am deutlichsten umschrieben ist. So daß die Sachhaltigkeit des Glaubens an ihm selber, also die Würde und Lebendigkeit seines Gegenstandes in den einzelnen Elementen dieser Beziehung immer nur mitausgedrückt, die Sache selbst und an ihr selbst und in ihrem Selbstand aber bloß und zureichend in der Totalität der Beziehungen dieser Elemente Darstellung finden kann. Und diese Totalität wiederum ist der Widerfahrnisakt der Gotteswirklichkeit in Christo im Ganzen. Das heißt: Die Partizipation am erhöhten Christus in der Summe ihrer Ausdrucksweisen stellt denjenigen metaphysischen Sachverhalt in actu dar und her, den der metaphysische Begriff vergeblich fordert. Hieraus folgt Schleiermachers Hochschätzung der Enzyklopädie, weil sich in der Summe der Beziehungen der theologischen Disziplinen untereinander das Ganze des christlichen Frömmigkeitsgehalts in höherer Weise abbildet als in einem ihrer einzelnen Elemente; und hieraus folgt ebensosehr Schleiermachers Einschätzung der Theologie als einer praktischen Wissenschaft, sofern die Theorie kirchlichen Handelns selbst schon kirchliches Verkündigungshandeln ist. Hieraus folgt drittens Schleiermachers Hochschätzung der Kirche als des eigentlichen für sich stehenden Aus-

---

[103] Vgl. hierzu GL² § 135,2; II, 317,9−33.

drucks der fortwährenden Christuswirksamkeit. Und endlich viertens Schleiermachers Hochschätzung der Predigt als derjenigen Aussageweise des Glaubens, welche auf's elementarste die Wirksamkeit Gottes in Christo zur Sprache bringt.

Ich resümiere meine mit dem metyphysischen Leitinteresse bezeichnete These:

Die Sachhaltigkeit des theologischen Denkens Schleiermachers ist anhand der bloßen Analyse seiner systematischen Arbeiten nicht zu gewinnen. Sie fügt sich auch keiner wie auch immer angelegten Rekonstruktion seines Denkens. Vielmehr stellt sich der Sachgehalt des Glaubens, wie ihn das alte metaphysische Denken in der spekulativen Entfaltung von Sein, Wesen und Werk Gottes in geschichtlicher (und also zu seiner Zeit verstehbarer) Weise zur Darstellung gebracht hat, *als* derselbe und an ihm selbst in der Fülle der auf dem Grund der christlichen Glaubensgewißheit ruhenden Totalität der Frömmigkeitsvollzüge dar, welche als Totalität im Geflecht ihrer Beziehungen untereinander das Ganze der christlichen Glaubenswirklichkeit darstellt und ist. Innerster und eigentlicher Ausdruck dieser Totalität ist die lebendige Kirche in der Summe ihres darstellenden und mitteilenden Handelns, deren Kern wiederum das in Christus und durch Christus empfangene Gottesbewußtsein des Glaubenden als reale Präsenzweise des in seiner Erhöhung wirksamen Christus ist. Der Glaubende, indem er teilhat an Christus, tritt ein in das Gebet der Anbetung, das der Mittler vor dem Thron Gottes spricht. In diesem Akt endlich ist die Fülle der Gotteswirklichkeit — keineswegs bloß virtuell, keineswegs bloß halluzinogen, keineswegs bloß subjektiv, sondern in ihrem vollen Umfang und vollkommener Weltüberhobenheit — aktual vorhanden. Was das metaphysische Denken intentiert, aber seinen Grenzen zufolge nicht zutreffend und angemessen in seiner Aktualität und Wirklichkeit auszusagen vermag, spricht sich *als es* im glaubensbestimmten Lebensvollzug der durch Christus Erlösten und ihm zur Wohnung Gewordenen aus. Sofern das Handeln der Kirche insgesamt der —

wenn auch im Sinne der Glaubenslehre vielfältig uneigentliche —
Ausdruck der wirklichen Wirksamkeit des erhöhten Christus ist, ist
deshalb das theologische Denken Schleiermachers nicht schon zureichend begriffen in der Beziehung, welche die einzelnen Lehrstücke
und Lehrdisziplinen des Glaubens auf das Handeln der Kirche
nehmen. Vielmehr ist in gleicher Weise die gegenläufige Relation
mitzubedenken und mitzubeschreiben, um das von Schleiermacher
Gemeinte in angemessener Weise zu begreifen. Das ist die entscheidende methodische Konsequenz aus der vorstehenden Überlegung.
Die theologische Sachhaltigkeit im Werk Schleiermachers wird also
nicht dort schon sichtbar, wo die Glaubenslehre die Vorstellungswelt
des lebendigen Glaubens auf ihren eigentlichen Ausdruck bringt,
sondern dort erst, wo die Gesamtsprache des Glaubens in ihrer
didaktischen Uneigentlichkeit der dogmatischen Formel gegenüber
als das Ursprüngliche wirksam bleibt, so daß in wechselweiser Relation das sich mitteilende und darstellende Glaubensleben der Kirche zugleich zum Gegenstand des Lehrbegriffs wie zu seinem Träger
und Korrektor wird. Das nenne ich die zentrale Dialektik in der
Theologie Friedrich Schleiermachers.

Damit fällt ein elementarer Akzent auf die je ursprünglich entstehende Sprach- und Gestaltfindung des Glaubens. So, wie die
dogmatische Theologie die Aussageweise der Frömmigkeit mit den
Mitteln des Denkens an ihrem Erstausdruck in der Heiligen Schrift
mißt und gegebenenfalls affirmiert oder verwirft (GL^2 § 135,1), ist
das Fortschreiten der Kirche selber die Kritik der vollzogenen Lehrbildung. Was im Raum der Kirche aus der Erfahrung der in der
Welt lebenden Frömmigkeit heraus zur Sprache kommt, wird als
solches auf je neue Weise Gegenstand theologischer Lehrbildung.
Schleiermachers Theologie ist deshalb per definitionem unabge-
schlossen und unabschließbar. Ihre Offenheit und Unabschließbarkeit (mitsamt dem ihr, auf's ganze seines Denkens gesehen, eigentümlich unsystematischen Zug) ist der angemessene Sachausdruck
der Offenheit und Unabschließbarkeit des in ihr Intendierten. Deshalb ist die Dogmatik Schleiermachers zusammen mit seinem ganzen

theologischen Denken auf den deutenden Rückbezug auf die Wahrnehmung jetzt existenziell widerfahrender Frömmigkeit verwiesen. Schleiermacher beim Wort nehmend, muß man in aller Konsequenz sagen: Wo der Glaube der Glaubenden sich im Gesamtumfang seiner Erfahrung in ihr nicht mehr oder nicht zureichend gedeutet und in mitteilbares Verstehen erhoben findet, ist die Glaubenslehre Schleiermachers falsch geworden; und dies deshalb, weil sie sich – keineswegs aus Gründen der spätaufklärerischen Opportunität und keineswegs aus Gründen einer faden zeitbezogenen Apologetik, vielmehr und mit allem Nachdruck aus Gründen der ihr immanenten Gegenstandsbezogenheit – an die Erfahrung des die Welt wahrnehmenden und in ihr handelnden Glaubens bindet. Der in der Wirksamkeit Christi erfahrene Glaube aber nimmt in der Nämlichkeit dessen, den er erfährt, die sich verändernde Welt auf sich verändernde Weise wahr. Darin begründet sich die (im Wortsinn) Geschichtlichkeit der Glaubenslehre Schleiermachers, und das zugleich ist der Kernpunkt ihrer Wahrheit.

Dies meint nicht eine Auslieferung des Glaubens an das zeitgeschichtlich Opportune. Im Gegenteil wird der Christusglaube immer zwei Dinge elementar beachten: Zum einen wird er in der Aneignung der wechselnden weltbestimmenden Sprachfelder darauf sehen, seine Kommunikationsfähigkeit nicht nur zu erhalten, sondern beständig zu verbessern. Zum andern wird er im Gegenzug geradezu brennpunktartig aus der Mitte des in ihm Wirksamen heraus in die formale, begriffliche und sittliche Auseinandersetzung mit der Weisheit der Welt (oder was je dafür gilt) eintreten. Neuere Theologie unter der Wirkung Schleiermachers wird dieses beides im Auge behalten. Sie wird angesichts des vollständigen Zusammenbruchs der Metaphysik wohl vom Tode Gottes künden; sie wird angesichts der verheerenden Kriegskatastrophen des 20. Jahrhunderts die theologia crucis (die ja bei Schleiermacher kaum eine Rolle spielt) in völlig neuem Licht und mit völlig neuer Aussagekraft gewinnen; sie wird angesichts der Neuordnung der Geschlechterbeziehungen in den Industrieländern der heutigen Welt auch eine feministische Theologie, angesichts der sich verschärfenden Armut in der sog. Dritten Welt eine Theologie der Befreiung werden. Sie wird, nachdem ein zu Zeiten Schleiermachers noch gar nicht im Bewußtsein stehendes Sprachbild wie „Umwelt" zu einem Sachverhalt von gesellschaftlich bestimmendem Gewicht geworden ist, auch eine neue Theologie der Schöpfung in Angriff nehmen. Zugleich wird sie aber auch in der Konzentration auf den im Widerfahrnis des Glaubens wirksamen erhöhten Christus ebenso hartnäckig unter der Form dieser

Sprach- und Denkfelder die Christuspräsenz erfragen, und sie wird das tun nicht bloß in der einlinigen Relation auf die jetzt geschehende Erfahrung des Glaubens, sondern in Relation auf den Glauben der Kirche, wie sein Jetzt-Widerfahrnis im Glauben der Glaubenden sich in der Geschichte des christlichen Glaubens und seinen Äußerungen gedeutet findet, und wiederum so, wie er selbst in seinem Jetzt die ausdeutende Fortschreitung jener Geschichte ist.

In alledem verbietet Schleiermachers Glaubenslehre, wie gesagt, eine Schatzbildung des Glaubens. Ihr Anliegen vielmehr ist die immer wieder neue und immer wieder neu mitteilungsfähig werdende Christusgegenwart im Glaubensleben der Kirche. Aber sie nötigt darin gerade auch zu einigen Hinweisen, die sich aus diesem Denken ergeben, ebensosehr wie zu einigen Anfragen, die daran zu stellen sind.

Die Anfragen zuerst. Das beginnt mit der Frage nach der Konservativität der theologischen Lehrbildung. Ich habe oben zum Begriff der Aseität Gottes bereits darauf verwiesen. Wenn es nämlich zutreffend ist, daß der Sachgehalt des christlichen Glaubens sich nicht eigentlich im didaktischen Ausdruck und auch nicht in der Enzyklopädie der theologischen Disziplinen zur Darstellung bringt, sondern als solcher im Gesamtfeld der erfahrenen Frömmigkeit und der ihr eigenen Ausdrucksweisen da ist, so stellt sich grundsätzlich die Frage nach denjenigen Lehrstücken, die der Geschichte der christlichen Lehrbildung nach hohe Autorität beanspruchen dürfen, bei Schleiermacher aber eliminiert oder aber in die Außenränder der Dogmatik abgedrängt werden. Hierzu zähle ich an vorderster Stelle die Lehre von der Trinität Gottes und damit verbunden die von der Präexistenz Christi sowie die Lehre vom Urstand mitsamt der entsprechenden von der Wiederkunft Christi. An Schleiermacher ergeht, dies betreffend, folgende Überlegung: Wenn es zutrifft, daß diese Lehrstücke von der Konzentration auf das christlich fromme Selbstbewußtsein her der Kritik unterliegen und teils der Umgestaltung entgegensehen, teils der Aussagelosigkeit und also der Bedeutungslosigkeit anheimfallen — was sagt dann am letzten Ende ihre — im Sinne Schleiermachers — dogmatische Kritik hinsichtlich des darin intendierten Sachgehalts? Denn mag schon richtig sein, daß vom

Kanon schleiermacherscher Lehrbildung her diese Lehrstücke an
Gewicht verlieren bzw. aus dem Umkreis christlicher Lehrbildung
auszuscheiden sind, wofern in ihnen eine Erfahrung christlich frommen Selbstbewußtseins nicht oder nur um den Preis eines inneren
Widerspruchs mitgesetzt sein kann, so bleibt doch unstreitig und in
aller Schlichtheit stehen, daß es christlich fromme Gemüter waren,
welche diese Lehrstücke in der Auseinandersetzung mit den Aussagen der Heiligen Schrift formuliert haben; und ebenso unstreitig
bleibt stehen, daß diese Lehrstücke für die Darstellung und Mitteilung des christlichen Glaubens im Feld der Kirche über Jahrhunderte
hinweg fraglos eine dienliche Funktion gehabt haben. Indem die
Kirche so lehrte, wurde sie von den Gläubigen verstanden, und
wiederum fanden die Gläubigen ihren Glauben in diesen Lehrstücken
angemessen und zutreffend ausgedrückt. Sosehr nun die Kritik der
darin enthaltenen bildhaften Elemente von den Kommunikations-
mechanismen des 19. Jahrhunderts her erforderlich und also ihre
kritische Würdigung in bezug auf die geltende Lehre bzw. auf das,
was Anspruch auf gültige Lehre erheben kann, unerläßlich gewesen
sein mag, so sehr trifft aber auch zu, daß die Kritik sie nicht nur
nicht erledigt hat, sondern daß die zugehörigen Sprachelemente und
Vorstellungen im Bereich des kirchlichen Lebens und der Frömmig-
keitssprache unverändert fortleben. Sie könnten das aber nicht, wenn
ihnen nicht im Kern und auf sehr ursprüngliche Weise eine Erfahrung des Glaubens zugrunde läge, welche in gerade dieser Sprach-
und Lehrform sich zum Ausdruck bringen und so auch verstanden
werden will und wird. Gerade dieser zuhöchst praktische Sachverhalt
ist es, der die Frage nach diesen Lehrstücken dennoch wieder auf-
nötigt und stellt. Also: Wenn die in Rede stehenden Lehrstücke
zutreffenderweise nicht mehr im Sinne einer vorkritischen metaphysischen Denkweise festgehalten werden können — handelt es sich
dann bei ihnen bloß um zeitbedingte Sprachformen von Frömmigkeit, so daß sie sozusagen bloß hermeneutisches Instrumentarium
der Satzbildung des Glaubens gewesen wären, oder bildet sich in
ihnen nicht doch, wenn auch auf eine sehr diffizile Weise, zutreffend
und angemessen eine Sachhaltigkeit des Glaubens ab, die aber nicht

mehr unter der Form der dogmatischen Lehre ausgesagt und festgehalten werden kann? In dem Fall verlagert sich der Glaubenssachverhalt und gewinnt dort seinen Ort, wo der Glaubensimpuls sich
auf ganz unmittelbare Weise in mitteilender Vorstellung äußert.
Dabei ist gewiß auch zu bedenken, daß die Vorstellung dem Innener-
leben des Glaubens näher ist als der Begriff, so daß sehr wohl
behauptet werden kann: Die stärkere Abschattung der im Glauben
wirksamen Kraft Christi liegt dem Begriff gegenüber in der unmittelbaren Vorstellung, wie sie diejenige von Kindern ist, die „den
Himmel" imaginieren, oder diejenige des Beters, der das Gebet im
Heiligen Geist durch Jesus Christus an Gott den Vater richtet.
Solcher Ortsverlagerung einher geht die Verlagerung der Aussageweise weg von der nüchtern betrachtenden Intellektualität des an-
gestrengten Begriffs hin in die hymnische Aktion der gottesdienstlichen Sprache. So sehr also das (im Sinne Schleiermachers spekulative) Dogma seinen Platz am Schreibtisch und im kritischen Gespräch des Denkens räumt, so sehr verstärkt sich seine Aussagekraft
in der gemeinschaftlichen Aktion der Frömmigkeit der Vielen. Dort
hat es seinen Sitz, und in einem die Anstrengungen früheren Denkens
weit überragenden Maße ist sein Ausgesprochenwerden unter den
Bedingungen unmittelbarer Frömmigkeitskommunikation, also die
Aktion, die Realpräsenz seiner Wahrheit[104]. Damit wird behauptet:
Die Entmächtigung zentraler Lehrstücke der christlichen Glaubens-
überlieferung stellt, im schleiermacherschen Duktus konsequent zu

---

[104] Im Hintergrund dieses Gedankengangs stehen nicht zuletzt E. Schlinks Überlegungen zur doxologischen Struktur dogmatischer Aussagen im Zusammenhang
mit P. Brunners Lehre vom Gottesdienst. — Hier bleibt übrigens eine gerade für
die spekulativen Dogmen wie z. B. das Trinitätsdogma und das christologische
Dogma nicht unerhebliche Beobachtung anzuführen. Die Kirchenversammlungen,
welche sie formulierten, hoben zunächst an mit der Aussage „veneramur" bzw.
„credimus". Erst spätere Zeit ersetzte dann die Bekenntnisformel durch eine
Lehraussage: „docemus". Vgl. hierzu die Bekenntnisaussage des Chalkedonense
Denzinger 301 (ed. XXXIV, Freiburg 1965, 108): Sequentes igitur sanctos Patres,
unum eundemque confiteri Filium Dominum nostrum Iesum Christus consonanter
omnes docemus etc.

Ende gedacht und in die heute erlebbare Frömmigkeit hineingestellt, lediglich eine Entmächtigung des dogmatischen Begriffs in bezug auf zentrale Inhalte des christlichen Glaubens dar. Über deren Aussageangemessenheit ist damit aber noch wenig oder nichts entschieden[105]. Statt dessen ist die Frage nach dem Sitz der Aussageangemessenheit zu stellen und dann erst und in diesem Zusammenhang die Frage nach ihrer Sachhaltigkeit. Auf diese Weise wird das Frömmigkeitshandeln der Gemeinde zum Aussageort und Aussagevollzug des in den fraglichen Lehrstücken Gemeinten. Wenn aber wiederum richtig ist, daß Aussageort und Aussagevollzug der unmittelbarste Begegnungsort der Wirksamkeit des erhöhten Christus sind, so heben sich die Sachgehalte in die symbolisch liturgische Sprache des Gottesdienstes hinein auf, so aber, daß sie hier sowenig wie in der vorkritischen Theo-ontologie eine bloß funktional-hermeneutische Bedeutung haben; so vielmehr, daß sie als gottesdienstliche Darstellungs- und Vollzugsweisen auf's unmittelbarste auf die wirksame Gegenwart Christi rückbezogen und also seines Geistes sind. Daraus folgt: Der christliche Gottesdienst als das darstellende Handeln der Kirche selbst (und also nicht zuerst die Dogmatik und nicht zuerst der denkende Begriff) erscheint als Ort aktualer Gotteswirklichkeit und die Seinsprädikation auf ihn ist die auf das Sein der vergehenden Welt ganz und gar unbezogene Selbstprädikation Gottes. Das nenne ich die — freilich oszillierende — Christusmetaphysik in der Theologie Friedrich Schleiermachers. Sie verleiht dem Gottesdienst der Kirche ein ungeheures Gewicht. Die sich von hier aus gegenüber einer metaphysisch nicht mehr kommunikationsfähigen Welt stellende Aufgabe ist zweifellos und ganz praktisch und vor alle moralischen und intellektuellen Erwägungen tretend die Aufgabe der Stärkung des christlichen Gottesdienstes. Wo der intellektuelle Diskurs sich seiner metaphysischen Begründung, d. h. der Eingezeichnetheit von Mensch und Schöpfung in einen in jeder Hinsicht zu sprechen: transzendenten Wirklichkeitszusammenhang nicht mehr versichern

---

[105] Vgl. Schleiermachers Problemhinweis in GL^1 § 33, Zus.; I, 118,16 ff.

kann, leistet dies in der Kraft der gottesdienstlichen Sprachführung der erhöhte Christus selbst. Auch hierin ist er unser Erlöser. Ich halte inne. Das Anliegen ist bezeichnet. Es gibt kein Zurück hinter den von Schleiermacher gesetzten Anspruch der dogmatischen Kritik. Aber ich sehe eine neue Aufgabe und ein neues Verständnis dogmatischer Theologie im Horizont dieser Überlegungen. Ich nenne sie: Sprachlehre des Glaubens, eine solche also, welche, ohne in die Aporien der vorkritischen theo-ontologischen Dogmatik zu verfallen, ohne aber auch die Totalität christlicher Sprachbildung zu verengen, ein verantwortbares Reden von den Erfahrungen des Glaubens vor Gott und den Menschen möglich werden läßt.

II. Über das Gefühl schlechthinniger Abhängigkeit und über die Gewißheit des Glaubens

Gefühl schlechthinniger Abhängigkeit[1]. Das ist der Zentralbegriff, das Nadelöhr zum Denken Schleiermachers. Die Schwierigkeiten des Begriffs sind immens, für Schleiermacher selbst sowohl als für seinen Leser. Das liegt daran, daß der gemeinte Sachverhalt sich dem analysierenden Begriff von sich her sperrt. Denn das begriffliche Arbeiten muß sondern und entgegensetzen[2]. Es setzt Gegenständlichkeit voraus. Das Gefühl schlechthinniger Abhängigkeit ist aber nicht gegenständlich. Es hat als Gefühl — im Sinne des Denkens — keinen Gegenstand, darauf es sich bezieht[3], und als bestimmtes keinen, von dem es abhängt. In dem Falle nämlich wäre das Gefühl schlechthinniger Abhängigkeit selber mitsamt dem es Bestimmenden gegenständlich — und dann eben nicht das von Schleiermacher gemeinte Gefühl schlechthinniger Abhängigkeit. Das ist ausgedrückt in der Chiffre Schlechthinnigkeit. Sie bedeutet: In dieser im unmittelbaren Selbstbewußtsein präsenten Abhängigkeitsbeziehung gibt es keine Subjekt — Objekt — Relation, keine han-

---

[1] Zum folgenden vgl. GL² §§ 3—5 in toto; I, 23—30 sowie Dial. 286—302.

[2] Dial. 191.

[3] Gefühl ist die schiere Identität des Subjekts, das „unmittelbare Selbstbewußtsein, als wirklich erfüllte Zeit gesetzt" (Dial. 287), also ein absolutes humanes Singulare. Schon aus dieser Singularität ergibt sich seine Sperrigkeit gegenüber dem denkenden Begriff. „Wir haben in unserer Sprache keinen anderen Ausdruck hierfür, und es ist nur ein Mangel an Distinktion, wenn man glaubt, daß dieser Ausdruck noch etwas anderes bedeuten könnte." (Dial. ebd., und soviel übrigens auch an die Adresse Hegels).

delnde, und sei es bloß als Erkenntnishandeln erscheinende Rückwirkung des Abhängigen auf das, wovon es abhängt. Seine Schlechthinnigkeit ist vielmehr der Ausdruck einer in ihm gesetzten transverbalen Schlechthinnigkeit, also der unsäglichen und unaussprechlichen Lebendigkeit Gottes. Das macht das Sprachelement „Gefühl schlechthinniger Abhängigkeit" so schwer faßbar. Eher, als daß das in ihm Intendierte sich begrifflich ausdrücken und beschreiben ließe, überläßt es sich dem lebendigen Nachvollzug der mit Schleiermacher Mitdenkenden und Mitfühlenden. — Die Schlechthinnigkeit des schlechthinnigen Abhängigkeitsgefühls umschließt zugleich, daß in ihm eine Sache — Begriff — Relation nicht statthat. Gefühl verhält sich zu Gefühltem nicht als zu seiner Ursache[4]. Gefühl und Gefühltes sind unter dem Singulare der Schlechthinnigkeit eins. Insofern versucht, streng genommen, der Begriff Gefühl schlechthinniger Abhängigkeit einen Begriff des Unbegrifflichen, nämlich des Einen-Ungesonderten zu bilden. Er muß also notwendig zerlegen und vergegenständlichen, was an sich selber eines ist. Das stellt ihn unter Verdacht: Das Sein des gemeinten Sachverhalts ist im Begriff nicht erweisbar[5]. Im Umkreis menschlicher Bewußtseinszustände wird also etwas als da-seiend vorausgesetzt, was als verbalisiertes, ja schon nur als vorgestelltes, wiewohl irgendwie da, im Begriff aber nicht mehr es selber ist. Was also im Wort oder in der Vorstellung erscheint, ist dann auch schon nicht mehr Erscheinung oder Erscheinungsweise des Gemeinten, sondern ein ganz und gar, nämlich qualitativ, anderes. Das Gefühl schlechthinniger Abhängigkeit als begriffenes ist gegenständlich und also Tatsache des gegenständlichen Bewußtseins. Deshalb die Kardinalfrage: Wie und auf welche Weise kann der Begriff das im Gefühl schlechthinniger Abhängigkeit Gemeinte angemessen und also zutreffend ausdrücken?

---

[4] Hier gemeint als causa efficiens, der das causatum analog wäre, so daß eine analogia entis möglich wird. Der für Schleiermachers Gotteslehre grundlegende Begriff der Ursächlichkeit Gottes hat insgesamt mit der aristotelisch-thomistischen Kausallogik nichts zu tun. Von den mittelalterlichen Tranditionsströmen her, scheint mir eher der Influenzgedanke im Hintergrund zu stehen.

[5] Dial. 291. 292 f. 296.

Schleiermacher gewinnt seinen Kernbegriff in einem Doppel-schritt, einem formalen und einem materialen[6]. Seiner formalen Seite nach expliziert der Begriff vom Gefühl schlechthinniger Abhängig-keit das Ist von Frömmigkeit. Hier liegt die erste Hürde für den arbeitenden Begriff. Mit seinen Mitteln des Entgegensetzens, Teilens und Verknüpfens, der Bildung von Identität und Nicht-Identität, der Bestimmung von Art und Gattung des Seienden muß er ein absolutes Singulare beschreiben. Wem soll er es vergleichen? Schlei-ermacher findet den Vergleich über ein anthropologisch erhebbares Singulare: Gefühl bzw. unmittelbares Selbstbewußtsein. Beides, Ge-fühl und unmittelbares Selbstbewußtsein, läßt sich mit den Mitteln des abstrahierenden Denkens konstruieren bzw. begrifflich auswei-sen. Zugrundegelegt wird hierfür menschliches Leben in der Ver-laufsform seiner Zeitlichkeit: wie es nämlich denkend handelt und handelnd denkt. Handeln und Denken bzw. Tun und Wissen sind dabei ersichtlich nicht identisch. Beide sind im Zusammenhang menschlichen Lebens immer miteinander präsent, und je nach dem ist menschliches Leben entweder (und je zu seiner Zeit) mehr von diesem oder mehr von jenem bestimmt. Alles Handeln aber enthält auch Denken und alles Denken auch Handeln. Folglich finden im Bewußtsein zwischen beiden Dimensionen menschlichen Daseins Übergänge statt. Aus dem denkenden Erkennen entsteht die ziel-gerichtete Absicht des Wollens, und das Wollen wiederum trägt als seinen Zweckbegriff bzw. als Zielabsicht das Denken mit sich. Wie anders das Denken als ein Wissen-wollen das Wollen und den Handlungsimpuls mit sich trägt. Was bleibt, wenn ich von beiden abstrahiere? Von *beiden* allerdings, weil ich, die Richtigkeit dieses Denkdurchgangs vorausgesetzt, nicht bloß von einem abstrahieren kann: da eines das andere mit sich trägt, ist immer auch, wenn eines

---

[6] Formal meint hier die Denkbewegungen, mit welchen Schleiermacher den dem Begriff „Gefühl schlechthinniger Abhängigkeit" zugrundeliegenden Zentralbe-griff „unmittelbares Selbstbewußtsein" sichert. Material meint die Art und Weise, mit welcher er es unternimmt, den Begriff „Gefühl schlechthinniger Abhängig-keit" mit einem bestimmten Inhalt zu versehen und sprachlich auszuweisen.

beiseitegedacht ist, das andere mit beiseitegedacht. Was also bleibt dem Prozeß der Abstraktion? Auf jeden Fall nicht nichts. Bliebe nämlich nichts, so wäre der Mensch, menschliches Leben selber, lediglich als Summe seiner Denk- und Willensvollzüge beschrieben. Dagegen steht die Erfahrung. Dagegen steht auch das Denken[7]. Die Negation beider, Denkens sowohl als Wollens, läßt das schiere Ist von Denken und Wollen in seiner Positivität zurück[8]. Also zeigt sich an dieser Stelle via negationis das Ist des Denkenden und Wollenden als die Identität beider, welches aber weder dem einem noch dem andern identisch sein kann. Folglich handelt es sich um eine eigene, eigenständige, dem Denken wie dem Wollen gegenüberstehende eigene Dimension menschlichen Lebensvollzugs. Sie läßt sich freilich nur gewinnen unter vollständiger Abstraktion von der Zeitform menschlichen Lebens und bietet sich also angesichts der Zeitlichkeit menschlichen Daseins als reine nie dar. Das Ergebnis dieser Abstraktion (besser zu sagen: der darin zur Sprache dringende Sachverhalt, der aber schon im Sprachlichwerden nie er selber ist) ist das reine unmittelbare Selbstbewußtsein oder das Gefühl. Dieser Begriff indiziert, daß das postulierte Ist des Denkenden und Wollenden nicht leer ist, vielmehr auf unbeschreibliche Weise vital gefüllt. Ich nenne es mit einem Kunstausdruck für heute: Binnigkeit (zugleich mit der Bitte um Nachsicht für diesen Ausdruck; aber ein Ich-bin ist schon zuviel, weil es das reflektierte Ich als gegenständliches Subjekt mit ausspricht und also der gemeinte Sachverhalt schon ein anderer ist. Das unmittelbare Selbstbewußtsein ist nicht das Ich, weder als bewußtes noch als vorbewußtes, wie etwa das des Kindes, und es ist auch nicht das „bin", wie es in Zeit und Raum fest verankert ist; vielmehr das fließende vollständige Dasein, das sich schier als Dasein wahrnimmt. „Allda bin ich alles miteinander", schreibt Hölderlin in einem seiner späten Fragmente[9]. Das scheint

---

[7] GL² § 5,3; I, 35,7.

[8] „So bleibt unser reines Sein nur im Selbstbewußtsein" Dial. 291.

[9] Fragment „Vom Abgrund nämlich"; zit. nach: Hölderlin, Werke und Briefe; ed. F. Beißner und J. Schmidt, Bd. I, Frankfurt a. M. 1969, 234.

der zutreffende poetische Ausdruck zu sein: die Allgemeinheit des Seins, wie sie in mir gegenwärtig und anwesend ist. Leichter drückt sich das in lateinischer Sprache aus: me esse, das ist das Gefühl oder unmittelbares Selbstbewußtsein, me esse oder die essentia menschlichen Daseins. Das nenne ich seine Binnigkeit). Die nun, Binnigkeit bzw. es: Gefühl und unmittelbares Selbstbewußtsein ist das ganze Sein in bezug auf mich, wie es mich konstituiert und eigentlich Grund und Fülle meines Daseins ist. Für diesen Sachverhalt allein reserviert Schleiermacher den Begriff Gefühl, so daß — das ist die weitere Schwierigkeit der Sache — er sich hier ständig in Tautologien bewegt. Dasselbe wird immer durch dasselbe erklärt. Nun allerdings ist dies ein Unbestimmtes, Schwebendes: unbestimmt nicht bloß dem denkenden Begriff, unbestimmt vielmehr auch der Sache nach. Das unmittelbare Selbstbewußtsein unterliegt (geradezu eine „Berührung" kann das für den frühen Schleiermacher sein[10]) der anwesenden Summe aller Wirklichkeit. Der Gedankengang, der via negationis das vital gefüllte Ist des unmittelbaren Selbstbewußtseins gewonnen hat, wiederholt sich auf der Ebene der Erscheinungen. Die sichtbare Summe aller Wirklichkeit ist eben nicht alle Wirklichkeit. Dafür bürgt das unmittelbare Selbstbewußtsein. Als überbegriffliches ist es Organ des Überbegrifflichen. Wäre nämlich alle sichtbare Wirklichkeit schon alle Wirklichkeit, so wäre zumindest meine Binnigkeit oder eben das unmittelbare Selbstbewußtsein das Überschießende dazu. So muß dieses seinen Grund in einer anderen als dieser sichtbaren und meßbaren und denkbaren Wirklichkeit haben. So verbürgt es mir eine Wirklichkeit über aller Wirklichkeit, ein Unbedingtes, welches auch, wiewohl es mich bestimmt, in keiner Relation zum Bedingten, also zum Sicht- und Meßbaren gedacht werden kann. So ist das unmittelbare Selbstbewußtsein der evidente Wahrheitserweis Gottes und Bürge seiner Wirklichkeit. Es ist also unmittelbares Selbstbewußtsein in Bestimmtheit durch ein Woher oder Gefühl in Bestimmtheit oder in seiner Binnigkeit reine Empfänglichkeit.

---

[10] RR 30; ed. Meiner 17.

Fraglos führt Schleiermacher hier einen Gottesbeweis. Damit ist freilich noch nicht viel gewonnen. Denn das alles kann ebensogut nur behauptet und also leer sein, Konstrukt eines vir desideriorum. Was also ist dann der Ertrag? Der Ertrag ist dieser: daß jedenfalls im Umkreis menschlicher Bewußtseinstatsachen und Bewußtseinsphänomene ein Organon für jene Wirklichkeit gefunden ist, von der alle Religion, einerlei welchen Zuschnitts, behauptet, daß sie sei. Das braucht noch viel zu sein, gewinnt aber Recht und Gewicht an der Frage, kraft welcher Begabung Mensch religiöse Sachverhalte überhaupt auszusagen vermag. Also nicht kraft Denkens und nicht kraft Wollens, sondern kraft unmittelbaren Selbstbewußtseins oder Gefühls. Und es liegt auf der Hand: Ist diesem erst die ihm zustehende humane Würde gewonnen, so eignet *seinen* Aussagen zumindest dieselbe Ehre und Würde, die den Aussagen des Denkens und Wollens fraglos zugestanden werden[11]. Das ist das allerhöchst zu veranschlagende Ergebnis der schleiermacherschen Denkbemühung.

Nun sind allerdings unmittelbares Selbstbewußtsein an ihm selber bzw. Gefühl in der beschriebenen Weise noch nicht Frömmigkeit. Sondern beides offensichtlich erst in ihrer Bestimmtheit, nach welcher nun also zu fragen ist. Welcher Art ist die Bestimmtheit des unmittelbaren Selbstbewußtseins, daß sie Frömmigkeit genannt werden kann?

Hierauf antwortet die materiale Erörterung, die Wesenbestimmung von Frömmigkeit als eines Gefühls schlechthinniger Abhängigkeit. Aber das ist in dieser verobjektivierenden Bezeichnung noch keine hinreichende Erklärung. Schleiermachers Text ist hier genau zu nehmen. Wesen der Frömmigkeit ist „dieses, daß wir uns unsrer selbst als schlechthin abhängig, oder, *was dasselbe sagen will*[12], als in Beziehung mit Gott bewußt sind". Implizit beantwortet ist hier die entscheidende Frage nach dem Weg, der vom unmittelbaren Selbstbewußtsein (als dem ineffabile menschlichen Daseins, wie es als

---

[11] RR 52; ed. Meiner 29 f.
[12] GL² § 4 LS; I,23. — Sperrung von mir.

Formalbestimmung von Frömmigkeit erscheint) zur Bestimmtheit des unmittelbaren Selbstbewußtseins unter der Form des frommen Gefühls verläuft. Von diesem zu jenem scheint ja nämlich zunächst kein Weg zu führen. Das unmittelbare Selbstbewußtsein als rein es selber und allgemeine Form menschlichen Wesens, eben als Binnigkeit meines Seins, bleibt als Ort der Gottesberührung in seiner Identität außerhalb des beschreibenden Begriffs. Der fügt ihm alsdann ja nicht bloß die Bestimmtheit hinzu, sondern er beschreibt diese Bestimmtheit zugleich auch inhaltlich-material: als schlechthinnige Abhängigkeit. Das wiederum ist zweifellos ein bildhafter Ausdruck, der Vorstellung von einem Wirkenden und Bewirkten entnommen. Das heißt: Das unmittelbare Selbstbewußtsein an ihm selber, wie es als Wesensgrund meines Menschseins da ist, gewinnt Vorstellung und Aussagecharakter mithilfe meines menschlichen Vorstellungsvermögens. Es wirkt Affekte, die sich in ursprünglicher Vorstellung zum Ausdruck bringen. Die wiederum, indem sie das unmittelbare Selbstbewußtsein auf ursprüngliche Weise, Vorstellung bildend, erfassen, lassen das unmittelbare Selbstbewußtsein bzw. das Gefühl bestimmt sein: nämlich als religiöses Gefühl. Dieses also ist nicht das unmittelbare Selbstbewußtsein selber, sondern das unmittelbare Selbstbewußtsein, wie es lebensbestimmend und also den Affekten (und weiteren Lebensäußerungen des Individuums) Gestalt gebend im Feld subjektiven und welterfahrenen Daseins zur Wirksamkeit kommt. Die Bildung der Affekte aber wie auch der Begriffe, Kategorien und Handlungsformen ist nicht finalkausale, also zweckbestimmte Tätigkeit des unmittelbaren Selbstbewußtseins (weil sich derartiges von ihm gar nicht aussagen läßt), sondern letzteres gibt lediglich den Impuls für die Tätigkeit des sinnlichen Bewußtseins, nämlich sich relational auf das unmittelbare Selbstbewußtsein zu verhalten. Insofern nennt Schleiermacher in der Dialektik[13] das religiöse Gefühl die erste Analogie auf das postulierte unmittelbare Selbstbewußtsein. Das Vorhandensein des religiösen Gefühls ist der sinnliche Wahrheitserweis für die mit dem Begriff unmittelbares

---

[13] Dial. 292.

Selbstbewußtsein spekulativ erhobene Wirklichkeit. Das religiöse Gefühl aber ist damit — und das ist hier wichtig — im Ansatz bereits ein relationaler Begriff. Er sagt für die Zustände des religiösen Gemüts eine relatio a quo der sinnlichen Affektionen und intellektuellen Begriffe aus (und dieser terminus a quo ist nicht Gott, sondern das unmittelbare Selbstbewußtsein, wie es das Transzendente repräsentiert); und er sagt für diese gleichsam binnenhumane relatio a quo, also für die Bestimmtheit der religiösen Gemütszustände und Ausdrucksformen (sprachlicher wie tathafter Art) zugleich einen terminus ad quem aus. Die Bestimmtheit der religiösen Gemütszustände durch das unmittelbare Selbstbewußtsein wird als Beziehung der relatio a quo in ihrer Gesamtheit als relatio ad quem oder „wir uns unsrer selbst ... als in Beziehung mit Gott bewußt". Das humane transzendentale Vermögen „unmittelbares Selbstbewußtsein" wird auf diese Weise gleichsam eine Zwischeninstanz, welche in ihrer Wirksamkeit auf die Gestaltung des bewußten Denkens (wie auch auf die des Handelns) eine begriffliche und tathafte Bezogenheit der Gesamtheit der menschlichen Bewußtseins- und Gemütszustände, d. h. also seiner selbst wie auch des von ihm bestimmten bzw. in seinem Erfahrungsgehalt mitbestimmten gegenständlichen oder sinnlichen Bewußtseins auf die Wirklichkeit Gottes ins Werk setzt. Entsprechend sind „unmittelbares Selbstbewußtsein" und „religiöses Gefühl" (Dial.) bzw. „Gefühl schlechthinniger Abhängigkeit" (GL) zu unterscheiden. Im ersteren ist die Seinsform des menschlichen Subjekts rein für sich betrachtet und unter Absehung seiner Tätigkeiten (leidend oder handelnd, denkend oder wollend) rein für sich erhoben. Im letzteren ist das nämliche beschrieben so, wie es sich in seiner Wirksamkeit den Zuständen des Bewußtseins in der Summe seiner intellektuellen und organischen Vermögen, also in Denken und Affekt darbietet: nämlich als dasjenige, welches, Intellekt und Affekt ganz und gar durchschießend, hinsichtlich seines Woher nicht beschreibbar ist. In dieser Negation liegt eigentlich und imgrunde seine einzige Bestimmtheit. Indem dies aber so ist, kann das sinnliche Bewußtsein in der ganzen Summe seiner Vermögen gar nicht umhin, das unmittelbare Selbstbewußtsein in seiner Wirksamkeit auf sich und darin also sich selbst in seiner Bestimmtheit durch das unmittelbare Selbstbewußtsein vollständig auf jenes im unmittelbaren Selbstbewußtsein mitgebene und mitgesetzte Woher zu beziehen. Ersichtlicherweise bildet so das unmittelbare Selbstbewußtsein den bestimmenden Impuls für die rückbeziehende Tätigkeit des sinnlichen Bewußtseins, dessen terminus ad quem das im unmittelbaren Selbstbewußtsein mitgesetzte Woher bildet, welches sich auf diese Weise in dieser rückbeziehenden Tätigkeit des sinnlichen Bewußtseins unter dem Namen „Gott" zur Sprache bringt. Dort also, wo das sinnliche Bewußtsein seinen handlungsleitenden Impuls wie seine Tätigkeitsrichtung aus der Wirksamkeit des unmittelbaren Selbstbewußtseins bezieht, stehen wir vor dem Vollendungspunkt des Selbstbewußtseins bzw. vor dem Wesen der Frömmigkeit[14].

Dieses nun ist als Gefühl schlechthinniger Abhängigkeit beschrieben. Wieso? Hierfür ist wiederum das Postulat des unmittelbaren Selbstbewußtseins vorauszusetzen. Dieses nämlich, als identisches und zeitenthobenes Ist von Wollen und Denken spricht sich dort, wo es im (sinnlichen) Bewußtsein zur Sprache kommt, als unmittelbares Selbstbewußtsein des denkenden und handelnden Bewußtseins aus. Indem dies geschieht, ist aber für das denkende und handelnde Bewußtsein bereits eine grundlegende Unterscheidung getroffen: Es ist das nämliche, unter Absehung der Zeitform in seiner Identität postulierte unmittelbare Selbstbewußtsein, welches in den verschiedenen Zuständlichkeiten des denkenden und handelnden Bewußtseins gesetzt ist. Diese Bewußtseinszustände sind nun freilich erfahrungsgemäß von unterschiedlichster Art, so daß sie keinesfalls als unmittelbare Produkte jenes nämlichen und zu jedem Zustand sich gleich verhaltenden unmittelbaren Selbstbewußtsein begriffen werden können. Folglich ist das denkende und handelnde Bewußtsein in der Einheit des Subjekts als ein Gewordensein zu beschreiben, welches als Gewordensein nicht einfachhin aus dem unmittelbaren Selbstbewußtsein erhoben werden kann. Denn dieses ist gleich und unveränderlich, jenes aber schwankend und in wechselnden Zustän-

---

[14] GL^2 § 5,3; I, 35,13 ff.; vgl. ebd. § 4,4; I, 30,18 ff.

den. Der Sache nach handelt es sich hier um den Nachweis einer dem denkenden und handelnden Bewußtsein gegebenen Welt. Die veränderlichen Soseinszustände des denkenden und handelnden Bewußtseins machen die Voraussetzung eines anderen Seinselements, als es das postulierte unmittelbare Selbstbewußtsein darstellt, erforderlich. Die Bewußtseinstatsache „Veränderlichkeit" führt also und infolgedessen nach demselben Identitätssatz, demzufolge Gleiches Gleiches hervorbringt, auf die Voraussetzung einer veränderlichen Welt als der Bedingung der Veränderlichkeit der erfahrenen Bewußtseinszustände. Auf diese Weise wird Veränderlichkeit die gemeinsame Kategorie, in welche sich das denkende und handelnde Bewußtsein einerseits und die Welt als das Feld seines Denkens und Handelns anderseits teilen. Schleiermacher bringt diese Gemeinsamkeit unter den Begriff der „Wechselwirkung". So, wie die veränderliche Welt die Zustände des denkenden und handelnden Bewußtseins bestimmt und begründet, findet sie sich ihresteils durch das Denken und Handeln des Bewußtseins verändert. Folglich ist — der Methode der analysierenden Entgegensetzung entsprechend — die Beziehung des denkenden und handelnden Bewußtseins auf die Welt als eine der Abhängigkeit sowohl als der Freiheit zu beschreiben. Abhängig ist es von der Welt, sofern sich ihm in ihr die materialen Bedingungen seiner Tätigkeit darbieten; frei ist es, sofern es die Welt entsprechend den von ihm erhobenen Zweckbegriffen erkennend durchdringt und tätig gestaltet. Also ist das denkende und handelnde Bewußtsein in seiner Weltbezogenheit und Weltbestimmtheit als teils frei, teils abhängig zu beschreiben.

Hieraus folgt zunächst eine Negation: Indem das denkende und handelnde Bewußtsein in seiner Weltbezogenheit als teils frei, teils abhängig zu beschreiben ist, läßt sich auf das Bewußtsein in seiner Gesamtheit das Prädikat „schlechthin frei" auf keinen Fall in Ansatz bringen. Und so scheint es zunächst bloß eine Frage der formalen Logik zu sein, dasjenige, was nicht als „schlechthin frei" ausgesagt werden kann, als „schlechthin abhängig" auszusagen, wofern etwas, das — als Eines betrachtet — in sich „teils abhängig" als in Bezogenheit auf „teils frei" erscheint, Freiheit nur unter der Form der

Abhängigkeit haben und also nur schlechthin abhängig sein kann. Diese logische Ableitung der schlechthinnigen Abhängigkeit (die Schleiermacher auf seine Weise sehr wohl für das Sein der Welt und also allen welthaften Seins unterlegt[15]) trifft aber noch nicht den wirklich von Schleiermacher gemeinten Sachverhalt, und zwar deshalb nicht, weil er mit den Mitteln deduktiver Logik etwas einbringt, was sich nach Schleiermachers eigenem Verständnis der logischen Deduktion von der Seite der Sachhaltigkeit her sperrt. Die Frage ist deshalb anders anzusetzen. Sie kann nicht dahin gehen, auf spekulativem Wege eine ontologische Gegenständlichkeit namens schlechthinnige Abhängigkeit zu erfragen. Sondern sie lautet: Was ist ausgesagt, indem Schleiermacher das für das Wesen der Frömmigkeit konstitutive unmittelbare Selbstbewußtsein in seiner Wirksamkeit auf das denkende und handelnde Bewußtsein unter dem Rubrum Gefühl schlechthinniger Abhängigkeit zur Sprache bringt?

Hierfür ist noch einmal auf die Funktion des unmittelbaren Selbstbewußtseins selber zurückzugreifen. Was ist eigentlich seine Funktion und Leistung im Gesamtfeld menschlicher Bewußtseinszustände? Hierauf ist zuallererst zu antworten: Das unmittelbare Selbstbewußtsein wirkt gewißheitskonstitutiv. Gewißheit nämlich — ein bei Schleiermacher häufig wiederkehrender, aber bislang, so weit ich sehe, wenig beachteter Begriff — ist eine Beschaffenheit des Selbstbewußtseins[16]. An der Frage, unter welchen Bedingungen diese für das Denken eintritt, muß sich, strukturell zumindest, aufweisen lassen, welchen Aussagegehalt Gewißheit für das unmittelbare Selbstbewußtsein hat.

Für den Bereich des gegenständlichen, also des denkenden und handelnden Bewußtseins läßt sich hierfür folgendes beschreiben: Der Zustand der Gewißheit tritt dort ein, wo sich die entgegengesetzten Bewußtseinsfunktionen „Wahrnehmung" und „Denken" in der Einheit der Anschauung verbinden. Das ist dann der Fall, wenn der sinnlich erfahrene Gegenstand als sinnlich erfahrener in der Bildung

---

[15] GL² § 4,4; I, 30,22.
[16] Dial. 326.

des intellektuellen Begriffs vollständig erfaßt ist und wiederum und anderseits der konstruierte Begriff eine organische (d. h. sinnliche) Impression bzw. Wahrnehmung vollständig beschreibt. In dem Fall kann von einem „wirklichen Wissen"[17] oder von der Ruhe der Anschauung[18] gesprochen werden. Voraussetzung für solch wirkliches Wissen ist die sachliche Identität der im Prozeß der Wissensfindung entgegengesetzten Elemente des Sinnlichen und Intellektuellen. Wirkliches Wissen beruht deshalb auf der sachlich vorauszusetzenden Einheit des Seins, freilich nicht bloß als einer absolut gedachten und auch nicht bloß als einer im Chaos der mannigfaltigen Impressionen empfundenen, sondern auf der Einheit des Seins, wie sie in der Einheit von Gegenstandswahrnehmung und Begriff des Wahrgenommenen unmittelbar lebendig ist. An dieser Stelle nämlich ist sich das wissenwollende Subjekt seines Wissens gewiß, so daß Wahrnehmen und Denken hieran ihre Ruhe finden können[19]. Vorausgesetzt ist hierbei allerdings auch, daß die Welt als der Stoff der Wahrnehmung und das Denken als die intellektuelle Organisation des Bewußtseins sachlich aufeinander (und also komplementär zueinander) hingeordnet sind[20], so daß sich in der Gewißheit des Wissens dem Grunde nach die Einheit welthaften Seins zur Darstellung bringt. Diese Einheit oder die Gewißheit des Wissens ist alsdann auch der Grund für die Mitteilbarkeit und Konsensfähigkeit des Wissens[21]. Es ist das nämliche Sein, das in Allen wahrgenommen wird, und es ist die nämliche intellektuelle Organisation, die in Allen den denkenden Begriff bildet.

Der Sache nach ist nun die hier sich aussprechende Gewißheit nichts anderes als das unmittelbare Selbstbewußtsein selber, so aber, wie es durch die Einheit von Wahrnehmen und Denken in der Einheit des wirklichen Wissens bewußt wird; also das unmittelbare

---

[17] Dial. 149.
[18] Dial. 161; zum ganzen Zusammenhang vgl. Dial. 149—174.
[19] Dial. 155 u. ö.
[20] Vgl. hierzu Dial. 150 f. 177.
[21] Dial. 152.156 — vgl. hierzu die Studie „Über die Mitteilung des Glaubens".

Selbstbewußtsein, wie es, sachlich als wirkliches Wissen bestimmt, zugleich Impuls und Gegenstand des reflektierenden und d. h. gegenständlichen Bewußtseins wird.

Nun bezieht sich freilich *diese* Gewißheit lediglich auf das gegenständliche Wissen von den Dingen der Welt. Dennoch ist die vorliegende Beschreibung für den anstehenden Frageverhalt der Struktur nach von äußerster Bedeutung. Indem sich nämlich im Bereich der Gegenständlichkeit klares oder wirkliches oder gewisses Wissen herstellt, ist die organische Funktion, d. h. die Wahrnehmung als sinnliche Funktion dem Begriff der Gewißheit konstitutiv. Gewiß aber — und das ist entscheidend — ist hierbei nicht der Gegenstand als Gegenstand, mithin also das Einzelding oder der Einzelsachverhalt der dinglichen Welt rein für sich selber; gewiß ist vielmehr das Gewißsein des denkenden und handelnden Bewußtseins, und dessen Gewißsein bzw. die Ruhe seiner Anschauung ist seinesteils der Garant der zwischen Erkennendem und Erkenntnisstoff obwaltenden Einheit des Seins und auf diese Weise quasi per analogiam die Gewißheit des welthaften Gegenstandes an ihm selber.

Dies nun auf die Frage nach der Bestimmtheit des unmittelbaren Selbstbewußtseins als eines religiösen Gefühls unter der Aussageform der schlechthinnigen Abhängigkeit gewendet, ergibt eine höchst aufschlußreiche Beobachtung: Schleiermacher spricht ja, wie dargelegt, in der formalen Erörterung des Frömmigkeitsbegriffs von einer Bestimmtheit des Gefühls bzw. des unmittelbaren Selbstbewußtseins. Unklar blieb hieran zunächst der Ausdruck Bestimmtheit. Denn in bezug auf das unmittelbare Selbstbewußtsein als die unmittelbare und vorverbale Erfahrung von Binnigkeit kann, soweit es sich immer selbst gleich ist, sachlich eine Bestimmtheit eigentlich nicht ausgesagt werden. Dies zu tun, ist vielmehr Sache derjenigen Bewußtseinsfunktion, welcher das denkende Bestimmen obliegt, also des denkenden und handelnden Bewußtseins. Wie aber nun kann das denkende und handelnde Bewußtsein das es tragende unmittelbare Selbstbewußtsein so auszusagen, daß es ihm als ein bestimmtes in der Klarheit des Denkens und also in Gewißheit aussagbar ist? Dies kann, die Struktur des wirklichen Wissens zugrundegelegt, nur so geschehen, daß das unmittelbare Selbstbewußtsein auf die organische, d. h. die Wahrnehmungsseite des denkenden und handelnden Bewußtseins eine Wirkung ausübt derart, daß es überhaupt wahrgenommen wird. Und das ist in der Tat der Fall. Das unmittelbare Selbstbewußtsein wirkt nämlich auf das organische Vermögen des Bewußtseins ein derart, daß es immer nur im Zusammensein mit bestimmten Affekten, wenn auch diesen keineswegs identisch, da ist (oder schleiermachersch gesprochen: einen Moment erfüllt)[22]. Das bedeutet: das unmittelbare Selbstbewußtsein ist jedenfalls wahrnehmbar auf der Ebene des organischen Affekts; und daß es die Wahrnehmung des unmittelbaren Selbstbewußtseins ist, dürfte der Grund für seine Benennung als eines einzigartigen Gefühls sein. Denn Gefühl, als Begriff, ist, streng genommen, lediglich für das Dasein des unmittelbaren Selbstbewußtseins reserviert[23]. Dabei ist es diese Wahrnehmungsseite, welche das von Affekten begleitete Gefühl als religiöses Gefühl beschrieben sein läßt. Und dieses ist alsdann mit bestimmter Logik die „vollständige Analogie"[24] des unmittelbaren Selbstbewußtseins selber — Analogie insofern, als es bereits in der organischen Wahrnehmung auf Vorstellung und Bildhaftigkeit drängt bzw. zum Ursprung eines inneren Ausdrucks wird. Insofern ist infolge der Wahrnehmbarkeit und Wahrnehmung des unmittelbaren Selbstbewußtseins ein inneres Gewißsein des wahrnehmenden Bewußtseins ursprünglich gesetzt und gegeben. Religiös — und sei es nur im kleinsten Keim[25] — ist diese Gewißheit deshalb, weil in der Wahrnehmung der welthaft gegenständlichen Dinge, also in der gegenständlichen Wahrnehmung, die ungegenständliche des gewißmachenden unmittelbaren Selbstbewußtseins immer auch mit gesetzt ist. Sie ist deshalb nicht christlich und, abstrakt gesehen, überhaupt keiner bestimmten Religion zugehörig. Der Struktur nach aber handelt es sich um religiöse Gewißheit, sofern nämlich in der Wahrneh-

---

[22] Dial. 292 vgl. GL[2] § 5,3; I, 35,10—26.
[23] Dial. 287.
[24] Dial. 292.
[25] Dial. 293.

mung der Welt das unmittelbare Selbstbewußtsein selber mit wahrgenommen wird[26]. Das Maß der Gewißheit von Frömmigkeit ist somit das Ausmaß, in welchem in der gegenständlichen Wahrnehmung (mitsamt dem sie durchdringenden Denken) das unmittelbare Selbstbewußtsein selber mitwahrgenommen wird. Dies nun, als Mitwahrgenommenes bzw. „erregtes Gefühl"[27] ist an ihm selber unbestimmt und schwebend, und es ist erst die in seiner Wahrnehmung gesetzte innere Vorstellung, welche ihm, wofern die Vorstellung auch in ihrer tiefsten Innerlichkeit eine Tätigkeit des denkenden und handelnden Bewußtseins ist, seine Bestimmtheit als religiöses Gefühl verleiht. Die Definition, nach welcher Frömmigkeit eine Bestimmtheit des Gefühls oder des unmittelbaren Selbstbewußtseins ist, schließt somit für die Formalbestimmung von Frömmigkeit eine wenn auch minimale Tätigkeit des denkenden und handelnden Bewußtseins ein. Daß wiederum Frömmigkeit materialiter als Gefühl schlechthinniger Abhängigkeit bzw. Gottesbewußtsein begrifflich auszusagen ist, hängt an der Eigenart des Denkens. Indem es die organische Wahrnehmung des religiösen Gefühls unter der Form des Bewußtseins durchdringt, werden „wir uns unsrer selbst als schlechthin abhängig, oder, was dasselbe sagen will, als in Beziehung mit Gott bewußt". Will heißen: Der Begriff vom Gefühl schlechthinniger Abhängigkeit ist zutreffend nicht deshalb, weil er durch logische Deduktion Bestand hätte; sondern er ist zutreffend, weil die organische Affektion, welche das unmittelbare Selbstbewußtsein im Bewußtsein wirkt, nicht auf irgendeine andere Weise als diese in die Klarheit des Begriffs gebracht werden kann. Und das wiederum verhält sich so deshalb, weil das Dasein der von der Wirkung des unmittelbaren Selbstbewußtseins hervorgerufenen Affekte in ihrem Zusammensein mit dem sie bewirkenden unmittelbaren Selbstbewußtsein, also das „erregte Gefühl" in seinem Selbstand, zum Gegenstand des es umgreifenden, begrifflich durchdringenden, sprachlich werdenden Denkens wird. Dessen Aufgabe, wofern es durch

---

[26] Vgl. GL² § 5 Zus.; I, 41,9—17.
[27] GL² § 3,4; I, 21,25; vgl. den gesamten Zusammenhang ebd. (I, 19—21).

die Wirksamkeit des unmittelbaren Selbstbewußtseins, wie es als religiöses Gefühl gegenwärtig ist, freigesetzt wird, ist die Suche nach dem zutreffenden sprachlichen Ausdruck für den an der Basis seiner, des Denkens, selbst liegenden Sachverhalt. Und dieser Ausdruck wiederum kann nach den Regeln des Denkens nur ein solcher sein, an welchem das Denken als an seiner Wahrheit zur Ruhe kommt. Hierbei scheiden in bezug auf die Wirksamkeit des unmittelbaren Selbstbewußtseins auf die Wahrnehmung des Subjekts solche Chiffren aus, die das Weltverhältnis der Wechselwirkung mit umschließen. Während es nämlich für dieses die Aussage des Teils — Teils gibt, an welcher sich das Denken in der Beschreibung seines Weltverhältnisses in Übereinstimmung mit seiner Welterfahrung beruhigt, so daß es sich ihr gegenüber als teils abhängig, teils frei und folglich in einem veränderlichen Zustand beschrieben finden kann, entzieht sich das unmittelbare Selbstbewußtsein in seinem Zusammensein mit den von ihm bewirkten Affekten in seiner Selbigkeit und Nämlichkeit jeder Beschreibung nach Art eines Teil-Teils. Folglich ist die erste Entgegensetzung in der Beschreibung des unmittelbaren Selbstbewußtseins in seiner Wirksamkeit die vollständige Negation eines Teils-Teils bzw. einer beliebigen Möglichkeit und also der erste annähernde Ausdruck der, der ihm in Entgegensetzung gegen die Beschreibung der Wechselwirkung Schlechthinnigkeit zueignet. Weshalb — auch dies wird m. E. insgesamt an Schleiermacher wenig gesehen — die Erstintention der materialen Bestimmung des Frömmigkeitsbegriffs nicht in der Abhängigkeit als vielmehr in der Schlechthinnigkeit zu suchen ist. Diese ist sein gewißheitskonstitutives Proprium. Und erst die Frage nach der Besonderheit bzw. der darüberhinausfahrenden Benennung des unmittelbaren Selbstbewußtseins in seiner Wirksamkeit (oder besser: in seinem Wahrgenommenwerden) führt dahin, die erfahrene Schlechthinnigkeit als Schlechthinnigkeit von Abhängigkeit auszusagen. Und dies wiederum, weil die erfahrene Schlechthinnigkeit, wie sie wahrgenommen wird, unbedingt als *gesetzte*, d. h. von der Selbsttätigkeit des Bewußtseins in keinerlei Hinsicht beeinflußte und beeinflußbare, mithin also auch nicht als Gegenstand und Produkt von Selbsttätigkeit wahrgenommen und begriffen werden kann. Insofern verbietet sich die Präzisierung der erfahrenen Schlechthinnigkeit als Gefühl schlechthinniger Freiheit angesichts der Gesetztheit des in Rede stehenden Sachverhalts[28]. So daß Schleiermacher hier fraglos auch von einem Gefühl schlechthinniger Gesetztheit hätte sprechen können. Daß er stattdem mithilfe des Begriffs Abhängigkeit präzisiert, dürfte sowohl alliterative wie methodische wie traditionsbezogene Gründe haben. Alliterativ scheint der Begriff im Blick auf das ihn in der Einleitung GL^2 umgebende Wortfeld, in welchem die Wechselwirkung zwischen Subjekt und Welt als teils frei — teils abhängig beschrieben ist. Methodisch dürfte der Begriff durch das dialektische Verfahren selber begründet sein, sofern Schleiermacher grundsätzlich, um die Totalität eines Gesamtzusammenhanges zu erfassen, die äußersten Extreme in ihrer Entgegensetzung zur Sprache bringt, so daß sich für den Gott — Welt — Zusammenhang, wie er religiös erscheint, nach der Weltseite „Abhängigkeit" als Zugangsbegriff nahelegt. Von der Tradition her schließlich ist die Bezeichnung summa dependentia als Begriff der Schöpfung in ihrem Gegenüber zu Gott nicht neu[29]; so daß sich also insgesamt alle drei Begründungszusammenhänge in die Wortwahl verflochten haben dürften.

Entscheidend ist dabei freilich, daß das so gewonnene Gefühl der schlechthinnigen Abhängigkeit keineswegs einen ontologischen Sachverhalt — jedenfalls nicht so und unmittelbar und nach Weise der vorkritischen Ontologie[30] — aussagt, sondern schlechterdings

---

[28] GL^2 § 4,3; I, 28,6—32.

[29] Deutlich steht hier das Begriffspaar summa dependentia — summa productio im Hintergrund (s. o. Seite 38 Anm. 102). Vgl. hierzu etwa Bonaventura, Breviloquium II, 1: productio ex nihilo ponit ... immensitatem in virtute producendi ex parte principii (Opera omnia V, 219 b); ders., Hexaemeron X, 17: creatura essentialiter dependit a primo principio ... Deus (sc. non) potest facere, quod non dependeat ab eo (Opera omnia V, 379 b); ebenso zum Zusammenhang Breviloquium V, 2: creatura ... totum autem esse habeat aliunde (Opera omnia V, 253 b). Hierzu GL^2 § 37,1; I, 188,31 f.

[30] Dem scheint GL^2 § 4,4; I, 30,15—24 entgegenzustehen, sofern die schlechthinnige Abhängigkeit hier gleichsam naiv als ontologische Kategorie erscheint. Vgl. aber den eher vagen Charakter der Formulierung, die ihren inneren Zielpunkt dann wieder im unmittelbaren Selbstbewußtsein hat.

nichts anderes ansagt, als was in der Wahrnehmung des unmittelbaren Selbstbewußtseins gegeben ist: die unableitbare Gesetztheit des Subjekts, wie es in der Wirksamkeit seines unmittelbaren Selbstbewußtseins als denkendes und handelndes da ist.

Nun aber: Wird das unmittelbare Selbstbewußtsein in seiner Wirksamkeit in schlechthinniger Gesetztheit oder eben als Gefühl schlechthinniger Abhängigkeit bewußt, so spricht die innerste Erfahrung an ihm zugleich auch eine Wirklichkeit aus. Das unmittelbare Selbstbewußtsein, wie es in Wirksamkeit wahrgenommen wird, und also immer nur als begleitendes da ist und mitausgesagt wird, ist nichts nichts, sondern unmittelbare Wirklichkeit. Indem diese aber als gesetzte oder als schlechthin abhängige erfahren wird, kann sie schlechterdings nicht bloß als rein sie selber erfahren und ausgesagt werden. Vielmehr: Ist offenkundig die Erfarung der schlechthinnigen Abhängigkeit als diese ein unabweisbares Bewußtseinsphänomen, so muß ein schlechthin sie Bewirkendes in analoger Schlechthinnigkeit mit ihr erfahren und ausgesagt sein. Schleiermacher nennt dies das Woher des schlechthinnigen Abhängigkeitsgefühls. Dieses Woher nun (bei dem es sich ja offensichtlich um eine Frage des denkenden Bewußtseins handelt, so daß, da dieses in allen seinen Belangen als Selbsttätigkeit im Zusammenhang der benannten Wechselwirkung zu beschreiben ist, das Gesetztsein des unmittelbaren Selbstbewußtseins zugleich auch den ersten und ursprünglichen Impuls humaner Selbsttätigkeit darstellt) ist seinem innersten Grund nach bezeichnet als Gott. Das bedeutet: in der affektiven Wahrnehmung des unmittelbaren Selbstbewußtseins in seiner schlechthinnigen Gesetztheit entsteht gleichsam impulsiv und präverbal als innere Vorstellung und innerer Ausruf der Name Gott. Und so, wie der Begriff Gefühl (als religiöses Gefühl) auf die affektive Wahrnehmung des unmittelbaren Selbstbewußtseins in seiner schlechthinnigen Gesetztheit eingeschränkt bleibt, so bleibt die Vorstellung Gott allein auf das innere (und dann erst nach außen tretende) Aussprechen dieses Gefühls bezogen.

Ich fasse die vorstehenden Überlegungen in drei abschließenden Bemerkungen zusammen:

1. Dem religiösen Phänomen Glauben, in seinem Kern, wie dargelegt, beschrieben als Gefühl schlechthinniger Abhängigkeit, eignet auf ursprüngliche und unableitbare Weise das Merkmal der
Gewißheit. Diese ist allerdings nicht als Gewißheit eines Gewissen
zu charakterisieren in der Weise, wie sich das Denken der Dialektik im Rekurs auf den transzendenten Grund der Gewißheit
des ihm gewissen Denkgegenstandes vergewissert, in bezug auf
den als einen seienden gewisse Aussagen gemacht werden können.
Vielmehr steht die Gewißheit des Glaubens allein im Gewißsein
des gläubigen Subjekts. Sie steht darin aber nicht begründungslos
und wie willkürlich, sondern indem sie als Gewißsein da ist, ist
sie die Präsenzweise der sie konstituierenden Wirklichkeit als
einer im Gewißsein des gewissen Subjekts unmittelbar und ursprünglich gegebenen, so aber, daß diese Ursprungswirklichkeit
sachgemäß nur unter der Form des Gewißseins ausgesagt werden
kann. Die solcherart ruhige Gewißheit des Glaubens³¹ ist der des
Denkens in doppelter Weise univok, in *einer* aber äquivok. Sie ist
ihr univok nach der Seite des Affekts, wofern beiderlei Gewißheit
auf einen — wenn auch nicht denselben — Wirklichkeitshorizont
durchaus sensualistisch bezogen ist: indem eine organische Affektion entsteht, kann dies nur sein in der Präsenz eines Affizieren-
den, und insofern ist die organische Affektion ein hoch zu ver-
anschlagender Beleg auf die Wirklichkeit des unter der Form des
Gewißseins Erfahrenen. Sie ist also univok nach der sensualisti-
schen Seite, so daß sehr wohl von einer Sinnlichkeit der Gotteserfahrung gesprochen werden kann. Und sie ist univok nach der
Seite des gewissen Subjekts, wofern Glaube und Denken ihren
letzten Fluchtpunkt in der gewißheitskonstitutiven Funktion des
unmittelbaren Selbstbewußtseins haben. Aber beiderlei Gewißheit: des Denkens und des Glaubens ist äquivok darin, daß jener,
der Gewißheit des Denkens, die intellektuelle Durchdringung der
sensuell erfahrenen Wirklichkeit hinsichtlich der Gewißheit des
gewissen Gegenstandes und also zugleich die wirksame Selbst-

---

³¹ Vgl. hierzu GL² § 14,1; I, 94 f.

tätigkeit des denkenden Subjekts auf den erfahrenen Gegenstand wesentlich ist[32]; wohingegen die Gewißheit des Glaubens infolge der Ungegenständlichkeit des sie begründenden Wirklichkeitszusammenhanges denselben lediglich und zutreffend nicht anders denn unter der Form ihres eigenen Gewißseins auszusagen vermag. Indem das sich aber so verhält, kann das Wissen des Glaubens oder die Glaubenslehre keinen anderen Gegenstand haben als das unmittelbare Selbstbewußtsein, wie es auf die organische Affektion wirkt, oder eben: das Gefühl unter der Form des Gottesbewußtseins. Von daher erhellt die scharfe Differenz, welche Schleiermacher zwischen der Spekulation auf der einen und der Ausfaltung religiösen Bewußtseins auf der anderen Seite setzt. Die Sensualität der Spekulation bleibt immer der Gegenstandserfahrung verhaftet, auch dort, wo sie um willen der erkenntnismäßigen Durchdringung des von ihr erfahrenen Gegenstandes bis zur Präsenz des transzendenten Grundes aller wissenszugänglichen Wirklichkeit im unmittelbaren Selbstbewußtsein hindurchdringt. Die Sensualität des Glaubens dagegen ruht als unmittelbare Transzendenzerfahrung im unmittelbaren Selbstbewußtsein selbst.

2. Die zweite Bemerkung ist der genannten Differenz zwischen Spekulation und Glaubensaussage verknüpft. Sie zielt auf das Prinzip der Glaubenslehre Friedrich Schleiermachers. Wenn, wie dargelegt, der Fußpunkt des Glaubens das Gewißsein des Glaubens ist, so können Glaubensaussagen immer nur solche sein, in denen das Gewißsein des Glaubens sich selbst zur Sprache bringt. Glaubenslehre ist gleichsam per definitionem Darstellung und Mitteilung des Glaubens selbst. Solches Reden über Gott und über andere Gegenstände der Relgion, welches nicht selber Sprachform einer ihm zugrundeliegenden Glaubensgewißheit ist, ist selber dann auch nicht Glaubensrede, sondern gehört ins Feld der Spekulation oder anderer Äußerungsweisen und kann nicht dem Bereich der Glaubensrede zugeordnet werden. Das schließt

---

[32] GL² § 5,2; I, 33,25.

allerdings nicht aus, daß es ein Wissen des Glaubens gibt. Das aber kann in jedem Fall nur eine Selbstdarstellung und Selbstmitteilung aus der Gewißheit des Glaubens selber sein, dessen Gegenstand — wofern Wissen gegenstandsbezogen ist — das sich äußernde Gewißsein des Glaubens selber ist. Daraus ergibt sich einsichtig, daß das Wissen des Glaubens immer nur ein Zusammensein aussagen kann, also nie den Glauben an ihm selbst (sowenig wie Gott an ihm selbst). Glaubensrede vielmehr, die als Mitteilung und Aussageform des gewissen Glaubens äußerlich wird, trägt dann den Charakter des Wissens, wenn sie selbstreflexiv unter der Form und nach den Regeln des Wissens ihr eigenes Gewißsein aussagt. Darin begründet sich die schwierige Eigentümlichkeit, derzufolge Schleiermacher die Sätze der Einleitung seiner Glaubenslehre wennzwar im weitesten Sinne als theologische Sätze gelten lassen kann — wofern der Impetus der vorgelegten Begriffsanalysen im Gewißsein des Glaubens fußt, die analysierten Sachverhalte aber als gegenständliche zur Klärung kommen —, nicht aber als dogmatische Sätze. Solche nämlich sind erst dort gegeben, wo der Glaube in seiner Selbstmitteilung sein Gewißsein ausspricht.

3. Die dritte Bemerkung hat mit der inneren Art der Glaubensrede zu tun. Schleiermacher hat ja den Begriff Gott gleichsam als einen inneren Reflex auf das ins Bewußtsein tretende Gefühl schlechthinniger Abhängigkeit bezeichnet, ein inneres Aussprechen einer am Nerv des unmittelbaren Selbstbewußtseins entstehenden Erfahrung. Streng genommen handelt es sich hierbei aber gar nicht um einen reflexiven als vielmehr um einen, dem sensuellen Hintergrund der Erfahrung gemäßen affektiven Vorgang, vergleichbar dem erstaunten Oh! eines glücklich überraschten Kindes oder einer anderen für sich selber begrifflich nicht spezifizierbaren Gemütsäußerung. Das heißt: Das unmittelbar innere Aussprechen des schlechthinnigen Abhängigkeitsgefühls ist unmittelbar auch ein Akt der Hin- und Zuwendung. Es wirkt beziehungskonstitutiv. Das ist der hinter den Wörtern liegende Sinn jener Gleichung, nach welcher das Sich-schlechthin-abhängig-Fühlen zum

Bewußtsein Gottes wird. Ihr Gehalt ist eigentlich erst sekundär ein theoretisch-begrifflicher. Primär handelt es sich um einen Akt der Anrufung. Die Erfahrung der Wirklichkeit Gottes führt zur Anrufung Gottes. Das ist die verborgene Grundbewegung hinter der vorgelegten Gleichung, derzufolge das Wesen der Frömmigkeit darin liegt, „daß wir uns unsrer selbst als schlechthin abhängig, oder, was dasselbe sagen will, als in Beziehung mit Gott bewußt sind".

III. Über die Mitteilung des Glaubens

Die vorhergehende Studie handelte von der Gewißheit des Glaubens. Von ihr als einem Gewißsein des frommen Subjekts konnte insofern ausgegangen werden, als das unmittelbare Selbstbewußtsein dem denkenden und handelnden Bewußtsein in schlechthinniger Gesetztheit oder eben als Gefühl schlechthinniger Abhängigkeit bewußt wird. Das Bewußtsein wiederum, vom widerfahrenden Gefühl schlechthinniger Abhängigkeit bewegt, formuliert in innerster und ursprünglicher Selbsttätigkeit die Herkunft der hier gemachten Erfahrung in der inneren Vorstellung und im Ausruf des Namens Gott. Es benennt also eine Wirklichkeit mit unterscheidendem Namen, die sich ihresteils dem unterscheidenden Arbeiten des Bewußtseins von sich her vollständig entzieht. Dennoch ist sich das Bewußtsein in der anrufenden Benennung der erfahrenen Gotteswirklichkeit gewiß. Die Selbstgewißheit des schlechthinnigen Abhängigkeitsgefühls ist gleichsam das Abbild der Wirksamkeit Gottes in der Seele, und im Aussprechen ihres Gewißseins spricht sie ihre Gottesbestimmtheit und Gottesbezogenheit aus: so spricht sie also sich selbst in ihrer Beziehung auf Gott und darin wiederum Gott als den Ursprung des schlechthinnigen Abhängigkeitsgefühls aus. Gefühl schlechthinniger Abhängigkeit stellt sich als Gottesbewußtsein dar und her. Soweit liegt der Zugang zum theologischen Denken Friedrich Schleiermachers zutage.

Nun freilich entsteht hier ein Problem. Wenn nämlich der Fußpunkt aller Glaubensaussage das Gewißsein des frommen Subjekts im unmittelbaren Widerfahrnis der im Gefühl schlechthinniger Abhängigkeit gegenwärtigen Wirksamkeit Gottes ist, und wenn anderseits aber die innere Gewißheit sich im Sprachlichwerden unter die Gegenstände des Denkens einreiht, und wenn drittens richtig ist, daß das Sprachlichwerden den erfüllten Moment des Gottesbewußtseins als ihn selbst nicht wiederzugeben vermag: wie kann dann Glaube überhaupt mitgeteilt werden? Und dann, indem ja unstreitig aber Glaubensmitteilung geschieht: was wirkt der Glaube unter denen, die ihm zugehören, und wo endlich liegt sein Ziel? Es geht also um die Frage nach der wirksamen Mitteilung des Glaubens: Wie kann, was im Innern des frommen Gemüts gewiß ist, aber im Äußerlichwerden dem Gesetz welthafter Gegenständlichkeit verfällt, an den dem frommen Subjekt gegenüberstehenden Anderen wirksam mitgeteilt werden, und woher gibt es Gewißheit, daß, wenn zwei ein religiöses Gefühl als selben Inhalts identifizieren, es tatsächlich das Nämliche und Identische sei? Denn die Frage liegt ja klar: Handelt es sich bei den frommen Gemützuständen um ein innerstes Erleben des Subjekts, so kann zunächst ein im selben Sinne vollumfängliches Gewißsein von Gottesbewußtsein je nur in mir selber sein; das des Anderen, Mitglaubenden dagegen, da es in den Äußerungsformen der Frömmigkeit in Gegenständlichkeit eintritt, kann hinsichtlich seiner wirksamen Fülle, wie es scheint, eigentlich nur vermutet und unterstellt werden. Wenn aber anderseits Glaube auf Mitteilung von Glauben beruht[1]: wie kann das, was sich jenseits des „erfüllten Moments" zu einem Hauch verflüchtigt[2], überhaupt mittelbar sein?

Schleiermacher hat, soweit ich sehe, die Lösung dieses Problems[3] in drei miteinander verknüpften, aber in ihrer Gewichtung und inneren Durchschlagskraft unterschiedlichen Argumentationszusammenhängen gesucht. Der erste (ich nenne dies eine ontologische Deduktion) findet sich im Zusammenhang der Erörterung über die Beschaffenheit der Welt, wofern sie sich dem schlechthinnigen Abhängigkeitsgefühl in ihrer Gesamtheit als Offenbarung Gottes dar-

---

[1] Vgl. GL² § 16,2; I, 109,9.
[2] Rr 73 f.; ed. Meiner 41.
[3] Rr 139; ed. Meiner 78.

tut [4]. Der Gedankengang liegt dabei folgendermaßen: Indem das in der Erfahrung der Gotteswirklichkeit stehende Bewußtsein sein Gewißsein unter der Form des schlechthinnigen Abhängigkeitsgefühls als Gottesbewußtsein ausspricht, ist darin zugleich der Begriff der schlechthinnigen Ursächlichkeit Gottes als der ersten von hier aus zu erhebenden Gottesprädikation mitenthalten. Denn wo schlechthinnige Abhängigkeit nicht bloß postuliert, sondern existenziell erfahren wird, muß das sie Bewirkende ein schlechthin Ursächliches sein. Wäre nämlich irgend auch nur ein Seiendes, welches nicht in das Gefühl schlechthinniger Abhängigkeit und die darin ausgesprochene Beziehung auf die es bewirkende schlechthinnige Ursächlichkeit eingebettet wäre, so könnte im Aussprechen des Gefühls schlechthinniger Abhängigkeit nicht zugleich ein schlechthin es Bewirkendes mitausgesprochen sein. Die erfahrene schlechthinnige Abhängigkeit wäre Produkt eines nur bedingt (und nicht schlechthin) Hervorbringenden, welches alsdann zwar mich in schlechthinniger Abhängigkeit, nicht aber das mir gegenüberstehende Sein als ein darin mir identisches hervorgebracht hätte. Jenem läge folglich eine andere Ursächlichkeit zugrunde, so daß für die das schlechthinnige Abhängigkeitsgefühl hervorbringende Wirklichkeit lediglich ein Individuell-nur-dieses-Hervorbringen anzusetzen wäre. Dann allerdings wäre die das Gefühl schlechthinniger Abhängigkeit begründende Wirklichkeit im Bewußtsein des Gegenübers zur Welt von anderen Welturschen zu unterscheiden und fände sich auf diese Weise eingereiht in eine unendliche Vielfalt von Ursachen, und die ununterscheidbare Wirklichkeit, welche das schlechthinnige Abhängigkeitsgefühl als die seine ausspricht, wäre in Wahrheit von anderen unterschieden: also nicht ununterscheidbar. Dann aber wäre im schlechthinnigen Abhängigkeitsgefühl an seinem Widerfahrnis bereits in bezug auf die es begründende Wirklichkeit ein Unterscheiden, es selber also als denkendes und handelndes Bewußtsein gesetzt: und also läge dem Gefühl schlechthinniger Abhängigkeit selber keine Sachhaltigkeit zugrunde, und also wäre der Ausdruck falsch und es

---

[4] GL^2 § 57,1; I, 309,1—9.

selber nichts als Eindruck und vage Impression. Steht also der Begriff vom Gefühl schlechthinniger Abhängigkeit bis an seinen Sachkern als Ausdruck einer wirklichen Wirklichkeit unter der Form der Gewißheit im Bewußtsein, so muß in ihm die allgemeine Form welthaften Seins mitenthalten und mitausgesprochen sein: so ist Alles von der im Gefühl schlechthinniger Abhängigkeit erfahrenen schlechthinnigen Ursächlichkeit schlechthin abhängig. „Dieses also liegt in der Gewißheit, welche mit dem Selbstbewußtsein unmittelbar verbunden ist"[5].

Indem nun auf diese Weise schlechthinnige Abhängigkeit als der Allgemeinbegriff welthaften Seins gewonnen ist, ist damit zugleich auch eine erste Bedingung für die Mitteilbarkeit des Glaubens mitenthalten derart, daß der gemeinte Sachverhalt in seinem Äußerlichwerden wahr- und aufgenommen werden kann. Denn indem die schlechthinnige Abhängigkeit nunmehr als allgemeine Form des Seins oder als ontologisches Grundprädikat erscheint, muß der nämliche Sachverhalt auch bei anderen vorausgesetzt und wahrgenommen werden können, die dem Gesamtzusammenhang des Seins als Wahrnehmende gegenüberstehen. Folglich ist das schlechthinnige Abhängigkeitsgefühl „ein der menschlichen Natur wesentliches Element"[6], so daß also anthropologisch von der Fähigkeit, das in der Äußerung des schlechthinnigen Abhängigkeitsgefühls Gemeinte als ein solches aufzunehmen, ausgegangen werden muß.

Dennoch löst das ontologische Argument keineswegs das Problem. Denn die Fülle der im Selbstbewußtsein unmittelbar erfahrenen Gotteswirklichkeit, wie sie die schlechthinnige Abhängigkeit setzt, ist nur so und dann das von Schleiermacher gemeinte Gefühl schlechthinniger Abhängigkeit, wenn es im Bewußtsein als eigenes und lebendiges erscheint. Wie aber kann das der Fall sein, wenn die Äußerung schlechthinnigen Abhängigkeitsgefühls, da sie ja in den Horizont wahrnehmbarer Gegenständlichkeit eintritt, dem Rezipienten immer zuerst ein Gegenstand von Wissen und also „eine mit

---

    5 GL² § 57,1; I, 308,24.
    6 GL² § 6,1; I, 41,14 vgl. § 33,1; I, 175,11 sowie Rr 144; ed. Meiner 80.

Ungewißheiten vermengte Geschichte" wird?[7] So nämlich muß gefragt werden, wenn nicht die Grundvoraussetzung des Glaubens hinfällig werden soll, nach welcher das Bewußtsein an der innersten Nahtstelle zwischen unmittelbarem Selbstbewußtsein und gegenständlichem Bewußtsein im Gewißsein seiner selbst als eines schlechthin abhängigen den Namen Gott artikukiert. Wie also ist das Gewißsein des Glaubens so mitteilbar, daß, obwohl es seinen Vollkommenheitsgrund immer nur im subjektiven Bewußtsein haben kann — also mein Mich-Wahrnehmen ihm unabdingbar zugehört — von einem identischen und identisch bezogenen Gewißsein in Vielen bzw. in Allen gesprochen werden kann?

Daß Schleiermacher sich des bezeichneten Problems in hohem Maße ausgesetzt sah, läßt sich an zwei miteinander verbundenen Eigenarten seiner Denk- und Sprachführung ablesen. Deren erste ist der häufige Gebrauch der Begriffe Mitteilung und Mitteilen im Zusammenhang seiner Glaubenslehre. Wie eine innere Leitschnur ziehen sie sich durch nahezu alle Kapitel seiner Dogmatik bis hin zur letzten zusammenfassenden Äußerung zur Lehre von den göttlichen Eigenschaften in den beiden abschließenden Paragraphen. Das ist insofern nicht verwunderlich, als ja, wo die Gotteswirklichkeit so konsequent in ihrer überbegrifflichen und begriffssprengenden Kraft gesehen und verstanden ist, die Frage nach der Art und Weise unausweichlich ist, auf welche die für sich selber unzugängliche Gotteswirklichkeit gleichwohl dem Menschen nahe sein und also sich mitteilen kann. Überall, wo die Begriffe Mitteilen und Mitteilung in der Glaubenslehre erscheinen, steht deshalb ein Kernproblem der Gotteslehre Schleiermachers mit im Hintergrund. Darauf soll hier nicht weiter abgehoben werden. Wenn aber, gerafft gesprochen, das innerste Bewußtsein in zutreffender Weise als aussagbarer Mitteilungsort der Gottheit beschrieben ist, so ist das Problem der intersubjektiven Glaubensmitteilung auch in dem Maße ein Spiegel des zugrundeliegenden Kernproblems, wie das widerfahrende Gefühl schlechthinniger Abhängigkeit der Spiegel der Wirksamkeit Gottes

---

[7] GL² § 61,1; I, 326,12.

selber ist. Und die Frage, die dem Kern nach heißt: Wie ist es eigentlich möglich, und denkbar, daß der in „unzugänglichem Licht" Wohnende sich mitteilt, hat dann ihren ersten und innersten Reflex an der Frage: Wie ist es eigentlich möglich und denkbar, daß die in innerster Ergriffenheit erfahrene Gotteswirklichkeit im Gespräch und im Austausch des Glaubens unter den Glaubenden auch wirklich und wirksam mitgeteilt wird?

Darin liegt nun der Grund für die zweite Eigenart der Sprach- und Denkführung Schleiermachers: daß er nämlich — der frühe wie der späte Schleiermacher — im Grundsatz seines Denkens die Frage nach der Geselligkeit des Glaubens mitbedenkt. Das versteht sich keineswegs von selbst. Die Tradition hatte in ihren Prolegomena die Frage nach dem Wesen der Kirche nicht gestellt. Der Bestand der religiösen Gemeinschaft, in deren Rahmen die theologischen Erörterungen geschahen, war vielmehr unausgesprochen vorausgesetzt, und es bedurfte in bezug auf sie keiner methodischen Vorabklärung, wie Schleiermacher sie — erstmals, soweit ich sehe — vornimmt. So daß mit einigem Recht wohl gefolgert werden darf: Der Umstand, daß Schleiermacher die Frage nach der Gemeinschaftlichkeit des Religiösen so hochrangig ansetzt, hat seinen Grund an dem impliziten Problem der Mitteilbarkeit des lebendigen Glaubens.

Hierfür nun ergibt sich nach dem oben skizzierten ontologischen Argumentationszusammenhang ein zweiter, jenen ersten voraussetzend, den ich als dialektischen Weg bezeichne. Er ist in der an der Dialektik erhebbaren Frage nach der Gemeinschaftlichkeit und Verbindlichkeit zutreffender Erkenntnis vorstrukturiert und in den entsprechenden Passagen der Glaubenslehre einschlägig gefüllt. — Was nun die Selbigkeit der in der intersubjektiven Kommunikation ausgetauschten Inhalte betrifft, ist von der Dialektik her folgendes festzustellen:

Im Zusammenhang der transzendentalen „Erörterung über das Wissen unter der Form des Begriffs"[8] entwickelt Schleiermacher

---

[8] Dial. 230 ff.

seine Lehre von den „angeborenen Begriffen". Den Hintergrund
dieser Lehre bildet die Beobachtung, daß die von Menschen gemachte Gegenstandswahrnehmung — Schleiermacher nennt das die
organische Funktion und meint damit die sinnliche Affektion, welche
die Wahrnehmung eines Gegenstandes hervorruft — nicht von sich
aus und notwendigerweise zur Ausbildung desselben Begriffs vom
Wahrgenommenen führt. Die Tatsache, daß eine Wahrnehmung auf
bestimmte Weise begrifflich fixiert wird, kann also nicht im Akt der
Wahrnehmung selber begründet sein, weil dieselbe Wahrnehmung
durchaus unter je verschiedenem Gesichtspunkt begrifflich entfaltet
werden kann. Schleiermacher bringt hierfür das Beispiel eines Edel-
steins, der in seinem Wahrgenommenwerden je nach dem unter dem
Aspekt der Farblichkeit oder der chemischen Beschaffenheit betrachtet werden kann[9]. Das bedeutet: Es ist weder der Gegenstand selber
noch der sinnliche Eindruck, welchen er beim Betrachter hervorruft,
der im wahrnehmenden Subjekt auf einen bestimmten Begriff des
Gegenstandes bzw. der an ihm geschehenden Wahrnehmung führt.
Es kann also die Identität des Denkens „nicht seinen Grund haben
in der organischen Funktion und in dem, was uns organisch affiziert"[10]. Gegen diese Folgerung steht auch nicht die Voraussetzung,
daß die sinnlichen Wahrnehmungsfunktionen — Schleiermacher be-
nutzt hierfür auch den Begriff des Sensuellen oder des Sinnes[11] —
bei allen Menschen dieselbe seien, denn schon, um die Selbigkeit der
sinnlichen Wahrnehmungsweisen samt der darin enthaltenen Gegenstände als solche zu erkennen, muß ein Begriff bereitliegen, der die
Selbigkeit der Wahrnehmung als Selbigkeit identifiziert. Folglich
kann die Wahrnehmung selbst nicht der Grund, sondern bloß der
Anlaß[12] der Begriffsbildung sein. Wie kommt es aber dann zur
Bildung von austauschbaren und kommunikablen Begriffen? Hierfür
ist nun eine zweite Voraussetzung (nebst jener ersten der Allge-

---

[9] Dial. 231.
[10] Dial. 230.
[11] Dial. 231.
[12] Dial. 233.

meinheit der Wahrnehmung) zu machen, nämlich die, daß die Fähigkeit zur Bildung austauschbarer Begriffe im Spektrum der menschlichen Fähigkeiten auf einerlei Weise mitangelegt ist. Indem das
Wahrgenommenwerden vom intellektuellen Vermögen der Vernunft
her unter einen bestimmten Begriff subsumiert wird, ist dem Rezipienten des Begriffs die ihm zugrundeliegende Wahrnehmung in der
Form der organischen Affektion grundsätzlich zugänglich, weil er
— so ist in Verdeutlichung des schleiermacherschen Textes hier zu
sagen — abstrakt gesehen in identischer Erfahrungssituation prinzipiell für die gemachte Erfahrung denselben Begriff hätte bilden
können. Schleiermacher nennt dies die Berechtigung der Lehre von
den angeborenen Begriffen, nicht allerdings in dem Sinne, als ruhten
die Begriffe selber als angeborene gleichsam im menschlichen Intellekt und bedürften lediglich der Erweckung durch veranlassende
Erfahrung[13]; sondern so und in dem Sinne, daß die Fähigkeit,
angesichts derselben sinnlichen Affektion denselben intellektuellen
Begriff zu konstruieren, in alle Menschen auf gleiche Weise müsse
angeboren sein[14]. Wichtig hieran ist, daß es, so gesehen, keinen
zutreffenden Begriff ohne sensitive Sachhaltigkeit geben und folglich
auch kein Begriff rein als Begriff tradiert werden kann. Nur dann
nämlich tritt der Begriff in das allgemeine Mitteilungssystem ein,
wenn der Rezipient des Begriffs das ihm zugrundeliegende organische Element im Spektrum seines eigenen Erlebens innerlich nach-
bilden und in seinem sensitiven Sachgehalt identifizieren kann.
Schleiermacher bezeichnet dies als die Angemessenheit der platonischen Auffassung, derzufolge „alles Lernen ein *Erinnern* sei"[15]. Dabei
bleibt aber ein Problem bestehen darin, daß der innere Vorgang, in
welchem das allen Menschen gemeinsame intellektuelle Vermögen
der Vernunft die organische Affektion zum Anlaß bestimmter Begriffsbildung nimmt, tatsächlich nicht sichtbar und nicht rekonstru-

---

[13] Dial. 232.
[14] ebd.
[15] Dial. 234 — Sperrung im Original.

ierbar ist[16]. „Wir können also nicht wissen, ob der andere ebenso hört und sieht wie wir. Worin liegt nun die Gleichheit der Konstruktion?"[17] — Nun ist hier zu erinnern an die beiden Seiten zutreffender Begriffsbildung, die affektive (organische) und die intellektuelle. Wo beide ineinanderstehen und als identische ihrem Dasein nach gesetzt werden — und das ist dann und dort der Fall, wo von einer bestimmten organischen Wahrnehmung und einer bestimmten Begriffsbildung in Richtung auf die schiere Fähigkeit hierzu abstrahiert wird —, da zeigt sich in einem bei Schleiermacher nun schon gewohnten Denkschritt *das Selbstbewußtsein, das Ich, abgesehen von dem, was als geschichtlich darin gesetzt ist.*[18], so daß das Ich an ihm selbst, abstrahiert von seinen Widerfahrnissen und Tätigkeiten, als die Einheit von organischen und intellektuellem Vermögen definiert und identifiziert werden kann. Das bedeutet: Einen begegnenden Gegenstand als Ich identifizieren, setzt nach der Seite des wahrnehmenden Subjekts die Ausbildung des begrifflichen Vermögens, also Selbstbewußtsein, und nach der Seite des wahrgenommenen Gegenstandes Äußerungen organischer und intellektueller Funktion voraus. Dies ist möglich, wenn auf der Seite des Wahrnehmenden das Selbstbewußtsein sich so weit entwickelt hat, daß es sich als Ich in der Einheit von organischem und intellektuellem Vermögen erfährt und weiß und darin zugleich den Begriff gewonnen hat, mit welchem es den bestimmten sensitiven Sachgehalt der Begriffe „Ich" und „Selbstbewußtsein" wiederum auf bestimmte organische Wahrnehmung rückbeziehen kann. In dem Fall wird der begegnende Gegenstand anhand seiner Gestalt und Äußerungsweisen als ein Mensch identifiziert. Das bedeutet: In der Wahrnehmung des entgegnenden Mitmenschen ist das wahrnehmende Bewußtsein imstande, diesen als Menschen zu erkennen und das hierbei entstehende „Gefühl der Identität", also die im Selbstbewußtsein wurzelnde Überzeugung, daß dies ein Mensch sei, „auf die Einheit der organischen Funktion"

---

[16] Dial. 371.
[17] Ebd.
[18] Dial. 234.

zu beziehen: Er nimmt wahr, wie ich wahrnehme, also denkt er auch wie ich[19]. Diese Folgerung steht allerdings nicht in sich selbst, denn sie erklärt nicht zwingend, daß der gegenüberstehende Mensch eine identische Wahrnehmung auf identische Weise zu Begriff bringt; ja selbst die Identität der Wahrnehmung ist fraglich, wofern ich nicht versichert sein kann, ob nicht „bei einer Farbe gleichen Namens der eine vielleicht ein anderes Bild hat als der andere"[20]. Wie also kann ich der Identität des anderen als eines Menschen gewiß sein? Schleiermachers Antwort ist denkbar einfach: Wir vergewissern einander unserer Menschlichkeit, indem wir in einen Austausch des Bewußtseins eintreten, oder kurz: indem wir miteinander sprechen[21]! Hierzu bedarf es eines Mittelglieds, eines allgemeinen und gemeinsamen Bezeichnungssystems, wie es mit der Sprache gegeben ist. Dabei ist es völlig unerheblich, ob der mir Gegenüberstehende in der gemeinschaftlichen Wirklichkeitserfahrung dieselbe Empfindung entwickelt, „wenn nur der Gegenstand derselbe ist, den ich habe, und der andere dieselben Aktionen vom Gegenstande beschreibt, die ich beschreibe"[22], so daß wir im Gespräch miteinander beständig in der Probe auf's Exempel stehen, ob der nämliche Gegenstand zu nämlichen Begriffsbildungen führt[23]. − Auf diese Weise ist es also die Sprache, welche den Einzelnen mit seinem Allgemeinen vermittelt. In ihr ist zugleich „die Identität von Einzelnem und Gattung gesetzt"[24], so daß im Austausch des Bewußtseins in Form der Subsum-

---

[19] Dial. 234 f. − Vgl. auch CS, Vorl. 1824/25; SW I, 12,513: „zuvörderst muß, wo das Christenthum verbreitet werden soll, die Ueberzeugung gewonnen sein, daß man vernünftige Wesen vor sich hat".

[20] Dial. 373.

[21] Dial. 371.

[22] Dial. 373.

[23] Als einen nicht unwesentlichen Nebengedanken möchte ich an dieser Stelle auch dies festhalten: Indem wir im Gespräch miteinander die Probe auf die Identität der intellektuellen Konstruktion bewähren, bewähren wir darin zugleich die Probe auf unsere Menschlichkeit. Das ist hier auch in einem durchaus moralischen Sinne zu verstehen.

[24] Dial. 372.

tion der sich austauschenden Subjekte unter das bestimmte Bezeichnungs- oder Mitteilungssystem der Sprache, also im Gespräch, „die Überzeugung von der Identität des Prozesses" (sc. der Begriffskonstruktion) erwächst[25]. Für diese Überzeugung verwendet Schleiermacher den bei ihm eigentümlich weitgreifenden Begriff Gattungsbewußtsein. So daß gefolgert werden kann: Zusammen mit dem Selbstbewußtsein, sofern es ab bestimmter Stufe seiner Entwicklung einen sensitiv veranlaßten Begriff seiner selbst entwickelt und damit zugleich ein Gewißsein seiner selbst unter der Form des unmittelbaren Selbstbewußtseins gesetzt findet, welches wiederum nur in der Ausfaltung eines sprachlichen Mitteilungssystems geschehen kann, ist zugleich auch immer das Gattungsbewußtsein gegeben, kraft dessen das Innere durch das Äußere als der Sprache mitgeteilt werden kann. Im Austausch sensitiv veranlaßter Begriffe, also in der sprachlichen Kommunikation, ist die Identität des sensuellen Prozesses zusammen mit der Identität der Begriffskonstruktion in den geselligen Individuen gesetzt und also kraft Gattungsbewußtseins die „Mitteilbarkeit des Inneren durch das Äußere (sc. als) die gesellige Grundbedingung" des religiösen Ausdrucks gesichert[26]. Gewendet auf den Frageverhalt bedeutet das: Nicht nur ist gemäß der ontologischen Grundprädikation die schlechthinnige Abhängigkeit prinzipiell für das mitmenschliche Subjekt in Ansatz zu bringen; vielmehr ist davon auszugehen, daß kraft Gattungsbewußtseins das schlechthinnige Abhängigkeitsgefühl im mitmenschlichen Gegenüber auf identische Weise affektiv wahrgenommen und intellektuell zur Sprache gebracht wird. Austausch über das Gewißsein des Selbstbewußtseins ist folglich auch grundsätzlich möglich. Konsequenterweise wird hierbei aber nicht das Gewißsein als es selber ausgetauscht und weitervermittelt, sondern die sprachliche Äußerung der innerlich erfahrenen Gewißheit stellt dem Rezipienten der Äußerung gleichsam das sprachliche Material bereit, die empfangene Mitteilung ihrem Sachgehalt nach in sich selber nachzubilden derart, daß die in ihm

---

[25] Dial. 373.
[26] GL² § 60,2; I, 323,30 vgl. CS; SW I, 12,509 f.

entstehenden sensitiven und intellektuellen Bewegungen „als dieselben Aktionen vom Gegenstande"[27] bewußt und aussprechbar werden. — In der Tat handelt es sich hier, soweit ich sehe, der Struktur nach um den Vorgang, der in der platonischen Erkenntnislehre mit dem Begriff Erinnern[28] angedeutet ist. Die Äußerung schlechthinnigen Abhängigkeitsgefühls, wie sie wahrgenommen wird, führt im Wahrnehmenden in einem identischen Prozeß der inneren Konstruktion zur Erkenntnis der Selbigkeit in bezug auf den Ursprung, welcher in diesem wie in jenem im jeweils unverwechselbar eigen widerfahrenden Gefühl schlechthinniger Abhängigkeit in den Einzelnen gesetzt ist. Empfang der Mitteilung des Glaubens geschieht also dort, wo sich die subjektive Erfahrung schlechthinniger Abhängigkeit im Empfang des sprachlichen Ausdrucks in ihrer eigenen Lebendigkeit artikuliert findet. Deshalb ist der Erfinder eines religiösen Ausdrucks nicht anders als der eines intellektuellen Ausdrucks grundsätzlich nicht eigentlich der Erfinder, sondern ein primus inter pares, einer also, der zuerst zum Ausdruck bringt, was der Möglichkeit nach für alle zur Erfahrung werden kann.

So sind nun für die Frage, wie die ganz und gar in der Mitte des Subjekts stehende Glaubensergriffenheit auch mitgeteilt werden kann, zwei Argumentationszusammenhänge deutlich geworden. Zuerst der ontologische, wofern aus dem Gewißsein des Glaubens heraus schlechthinnige Abhängigkeit für alles Seiende zu unterstellen ist. Alsdann der dialektische, durch welchen sichergestellt ist, daß die allem Seienden zugrundeliegende schlechthinnige Abhängigkeit vom Bewußtsein in Allen auch auf identische Weise wahrgenommen und ausgetauscht werden kann. Dies ist als das „Mitenthaltensein des Gattungsbewußtseins in dem persönlichen Selbstbewußtsein"[29]

---

[27] Dial. 373; vgl. hierzu Rr 135; ed. Meiner 75.

[28] Waldenfels, B., Art. Erinnerung; HWdPH II, 636 f. — Insgesamt ist Schleiermacher hier den Traditionen des Platonismus verpflichtet. Die von ihm entfaltete Lehre von den angeborenen Begriffen findet beispielsweise eine vorlaufende Entsprechung in der Lehre von den rationes seminales im Werk Bonaventuras, das ebenfalls deutlich platonischen Denkbewegungen verbunden ist.

[29] GL^2 § 60,2; I, 323,30; zum Ganzen ebd. § 6,2; I, 42 f.

die Grundbedingung aller menschlichen Gemeinschaft und also auch der religiösen.

Was aber ist mit beiden Argumentationszusammenhängen, dem ontologischen unter der Grundprädikation der schlechthinnigen Abhängigkeit und dem dialektischen unter dem Begriff des Gattungsbewußtseins, tatsächlich und eigentlich gewonnen? Denn von beiden her läßt sich imgrunde nur bemerken: zum einen, daß jedwedem menschlichen Subjekt kraft seiner Teilhabe an der Gesamtheit des Seienden schlechthinnige Abhängigkeit zukommen, und zum anderen, daß jedes menschliche Subjekt kraft Gattungsbewußtseins diesen Sachverhalt als Bestimmtheit des unmittelbaren Selbstbewußtseins unter der Form des Gefühls schlechthinniger Abhängigkeit auch innerlich ausbilden und zur Sprache bringen müsse. Das unmittelbare Gewißsein als es selber aber, wie es der schmale Fußpunkt und zugleich der Antriebsort für die Äußerung religiösen Bewußtseins ist und wie es darin zugleich unaufhebbar an den Vollzug lebendigen Bewußtseins gebunden bleibt: das bleibt dem Akt der Mitteilung gleichwohl entzogen, und es ist von daher folgerichtig, wenn Schleiermachers Glaubenslehre im Eintritt des gewissen Bewußtseins in die religiöse Kommunikation lediglich die darin mitgesetzten Inhalte als Gewißheit ausgedrückt, nicht aber dieses selbst mitgeteilt findet, so daß wir wohl etwas als innere Gewißheit auszusagen, nicht aber diese selbst zu übermitteln vermögen.

Nun läßt sich allerdings als ein Gewinn das folgende vermerken: Wenn kraft lebendigen Gewißseins des Glaubens die schlechthinnige Abhängigkeit des Seienden insgesamt als Gewißheit zutreffend aussagbar ist, und wenn im weiteren kraft selben Gewißseins die innere Wahrnehmung der schlechthinnigen Abhängigkeit als Gefühl schlechthinniger Abhängigkeit in allen Menschen namhaft gemacht werden kann, so ist jedenfalls vorausgesetzt, daß die in bezug auf die Gewißheit des Glaubens ursprunggebende Wirklichkeit, also der transzendente Grund von Gewißsein oder eben jenes mitgesetzte Woher, welches innerlich unter dem Namen Gott appellativ artikuliert wird, gleichzeitig in Allen auf ursprunggebende Weise wirksam ist. Die innere Nachbildung des im Austausch religiösen Bewußtseins unter der Form der Sprache empfangenen Bewußtseinssachverhalts auf eine für das rezipiente Bewußtsein gewisse und Gewißheit schaffende Weise ist dann in keinem Fall das Werk des sein religiöses Bewußtsein Mitteilenden, sondern kann nur ein Produkt derjenigen ursprungsetzenden Wirklichkeit selber sein, welche unter dem Austausch der Mitteilung im Mitteilenden wie im Empfänger der Mitteilung als dieselbe am Werk ist. Das heißt: Jedenfalls kann Mitteilung des Glaubens als eines gewissen in der beschriebenen Weise immer nur eine Wirksamkeit Gottes selber sein. Sowohl das ontologische wie das dialektische Argument setzen sachlich das Am-Werk-Sein Gottes im Vollzug geschehender Glaubensmitteilung voraus. Das ist meiner Überzeugung nach der Springpunkt der Auffassung Schleiermachers von der Mitteilung des Glaubens. Sie ist Zeugnis und Ausdruck dafür, daß, wo immer Mitteilung des Glaubens geschieht, Gott selber der wirkende ist.

Allerdings wird sich dieser Gewinn sofort wieder in eine Nichtigkeit verwandeln, wenn hierbei nicht der Gedanke von der Wirksamkeit Gottes in der Mitteilung des Glaubens deutlich von der Wirksamkeit Gottes als der schlechthinnigen Ursächlichkeit alles Seienden abgehoben wird. Wofern nämlich Gott aus dem Gewißsein des Glaubens als schlechthinnige Ursächlichkeit erscheint, ist er zugleich der Urheber des allgemeinen Naturzusammenhangs mitsamt der darin gegebenen Verknüpfung natürlicher Kausalgesetze, so daß der Begriff der schlechthinnigen Ursächlichkeit Gottes es geradezu verbietet, einen in den natürlichen Ursachenzusammenhang eingreifenden und denselben durchbrechenden ursprungsetzenden Willkürakt Gottes anzunehmen. Ist aber die Wirksamkeit Gottes in der Mitteilung des Glaubens nicht deutlich von der allgemeinen erhaltenden Tätigkeit Gottes, wie sie unter dem Begriff der Allgegenwart ausgedrückt ist, abzusetzen, so käme also beides überein, und die Mitteilung des Glaubens fände sich eingereiht und einbegriffen in den Gesamtzusammenhang natürlicher Ursachenverknüpfung, und die Wirksamkeit Gottes in der Mitteilung des Glaubens wäre in nichts zu unterscheiden von jener seiner Wirksamkeit, welche aus dem natürlichen Ursachenfeld heraus denn wirklich die Blume aus der Knospe blühen und die Pflanze aus dem Samen wachsen macht. So gesehen, hätten wir es dann mit einer durchaus leeren Denkfigur zu tun, weil ein Gott, der unterschiedslos alles bewirkt, eigentlich zugleich auch nichts bewirkt und also, wie ja eben Naturgesetze durch die Vernunft vermittelbar und zur Anerkennung zu bringen sind, dann auch der Glaube müßte auf nämliche natürliche Weise mitgeteilt werden können. Dies nun ist Schleiermachers Meinung offenkundig nicht[30]. Vielmehr steht erst demjenigen Bewußtsein, welchem die Wirksamkeit Gottes auf es selbst zum Gottesbewußtsein geworden ist, der Blick auf die allgemein wirkende Tätigkeit Gottes, wie sie sich in der Konsistenz des Naturzusammenhangs ausdrückt, offen, so daß hierfür auf jeden Fall eine gesonderte Augenöffnung des Glaubens vorauszusetzen ist[31].

Nun hat die Analyse bis zu diesem Zeitpunkt lediglich die Elemente der Herstellung von Gottesbewußtsein dargelegt: das ontologische Argument, das dialektische und die Wirksamkeit Gottes in der Mitteilung des Glaubens. Damit ist aber noch keineswegs der Gesamtvorgang der Glaubensmitteilung selber beschrieben, vielmehr vorerst nichts anderes als ein struktureller Rahmen entfaltet, der gleichsam die Koordinaten geschehender Glaubensmitteilung bildet. Fraglich bleibt dabei, wie es denn nun zur Mitteilung des Glaubens wirklich und wirksam kommt? Und dafür wiederum sind

---

[30] Dem steht nicht entgegen eine Bemerkung wie CS, Vorl. 1824/25; SW I, 12,512 f., derzufolge nicht nur die Vernunft als allgemeine Mitteilung Gottes zu begreifen ist, sondern geradezu als dasjenige Organ erscheint, welches imstande ist, die Mitteilung Gottes in Christus zu vernehmen, freilich nur, wie Schleiermacher etwas unscharf an dieser Stelle sagt, „unter der Form eines Ahndens" (ebd. 513). Tatsächlich ist hier nichts anderes gemeint als die strukturelle Fähigkeit der Vernunft, wie das in der Einleitung von GL² im Zusammenhang der Verhältnisbestimmung von sinnlichem Bewußtsein zum Gefühl schlechthinniger Abhängigkeit ebenso (GL² § 5) wie im Kapitel über die ursprüngliche Vollkommenheit des Handelns (GL² § 60) beschrieben ist. Das letztere setzt das erstere zu seinem Bestand und zu seiner Wirksamkeit voraus. Unter welchen Bedingungen indes die Vernunft in der Lage ist, die angesprochene Aktivität auch an den Tag zu legen, darüber ist mit der strukturellen Einsichtsfähigkeit noch nichts gesagt.

[31] GL² § 164,2; II, 442,30.

vorab zwei Voraussetzungen zu machen. Die erste ist die: Wenn von
der Struktur der Glaubensmitteilung her einerseits die Alleinwirksamkeit Gottes in der Gewißmachung von Glauben festzuhalten ist,
anderseits aber auf Seiten derer, denen die Botschaft des Glaubens
gilt, deutliche Schwankungen des Glaubens unabweisbar sind derart
also, daß die einen hören und glauben, andere wiederum hören und
nicht glauben, so kann dies nach Schleiermachers Voraussetzungen
nicht zu Lasten Gottes geschrieben werden. Denn ein Gott, der gibt,
wem er will, und vorenthält, wem er nicht will, wäre für Schleiermacher ein Gott der Willkür und Opfer „anthropopathischer" Got-
tesvorstellungen, welche vor dem Denken des Glaubens keinen
Bestand haben können. Bleibt also vorauszusetzen: Gott ist in allen
und in allem auf nämliche Weise am Werk. — Die andere zur
Klärung des Frageverhalts erforderliche Voraussetzung ist diese:
Wenn die unübersehbaren Differenzen in der Herstellung von Glauben nicht zu Lasten Gottes geschrieben werden können, so müssen
sie im anthropologischen Instrumentarium der Glaubensbildung und
Glaubensaneignung ihren Ort haben. Und das bedeutet: Mit der
Erhebung der strukturellen Basis geschehender Glaubensmitteilung
ist nur erst die eine, sozusagen die abstrakte Seite der Sache, wie sie
sich dem Denken darstellt, beschrieben. Über das Faktum des Glaubens, wie er sich in seiner Gewißheit in Menschen und unter Menschen zum Zuge bringt, ist damit aber anderseits imgrunde nicht
mehr ausgesagt, als, schleiermachersch gesprochen, der Gesamtumfang oder die Summe der abstrakten Elemente, welche dem
Vorgang der Glaubensmitteilung einwohnen. Und die wiederum
bilden wohl die bedingenden Kriterien, anhand derer ein konkreter
Vorgang, als Glaubensmitteilung firmierend, als solcher auch identifiziert werden kann. Aber sie erklären keineswegs den Vorgang
selbst. Deshalb ist also die Frage, wie die in allen und allem voraus-
zusetzende Wirksamkeit Gottes zum wirklichen Gottesbewußtsein
werde, noch einmal gleichsam unterhalb der strukturellen Ebene
nach seiner anthropologischen Seite zu befragen.

Hierfür hat Schleiermacher in GL² § 5 ein überaus schwieriges
anthropologisches Instrumentarium entworfen. Es handelt sich um

die dort ausgeführte Dreistufung menschlicher Bewußtseinszustände in die Stufe des tierartig verworrenen Bewußtseins, in die des sinnlichen und d. h. des denkenden und handelnden Bewußtseins als der mittleren und in die des Gottesbewußtseins als der höchsten. Diese Einteilung — das scheint mir wichtig zu bemerken — erhebt kein Recht für sich selber, sondern ist mit einer klaren methodischen Zielvorstellung entworfen. Sie dient der Verhältnisbestimmung zwischen dem denkenden und handelnden Bewußtsein in seiner Weltbezogenheit einerseits und dem unmittelbaren Selbstbewußtsein in seiner Gottesbezogenheit anderseits. In der Tat ist es erforderlich, dieses Verhältnis exakt zu bestimmen, sofern es hier um die Frage geht, was denn das Gefühl schlechthinniger Abhängigkeit bzw. der Glaube in seiner Gewißheit im Feld menschlicher Welt- und Lebensbezogenheit auszurichten vermag. Diese Frage ist deshalb wichtig, weil es sich bei dem Gefühl schlechthinniger Abhängigkeit für sich selber und unbezogen auf die weiteren Elemente menschlichen Lebens streng genommen noch überhaupt nicht um das handelt, was Schleiermacher mit dem Begriff Frömmigkeit belegt[32]; und wiederum: Das schlechthinnige Abhängigkeitsgefühl, wäre es nur als dieses und ein unverbundenes Element menschlicher Daseinserfahrung, wäre es also ohne Kraft und Wirkung für die Gestaltung menschlichen Lebens, könnte unmöglich Gott in schlechthinniger Wirksamkeit repräsentieren, sofern die einzige Wirkung der darin ausgesagten Gotteswirklichkeit alsdann lediglich in der unbezüglichen Hervorbringung des fraglichen Gefühls zu suchen wäre. Und dies ist natürlich Schleiermachers Meinung nicht. Vielmehr ist das schlechthinnige Abhängigkeitsgefühl derjenige anthropologische Ort, an welchem und durch welchen die Wirklichkeit Gottes selber auf die Gestaltung menschlicher Welt- und Lebensverhältnisse den überhaupt alles bedingenden Einfluß nimmt. Also die Frage: Was wirkt und bedeutet das Gefühl schlechthinniger Abhängigkeit für den Zusammenhang sich mitteilender Glaubensgewißheit?

---

[32] GL² § 5,4; I, 37,1–21.

Nun hat Schleiermacher die oben bereits angesprochene Dreistufung des Bewußtseins vorgelegt, wie gesagt: nicht als ein Recht für sich selbst, sondern offenbar mit methodischer Zuspitzung. Die dient der Verhältnisbestimmung von schlechthinnigem Abhängigkeitsgefühl und sinnlichem, d. h. denkendem Bewußtsein. Schwer zu durchschauen ist dabei, warum Schleiermacher die niederste Stufe des tierähnlich verworrenen Bewußtseins überhaupt heranzieht. Er hätte ja ebensogut nach § 4 und nach der Darlegung seines Frömmigkeitsbegriffs direkt zu der Verhältnisbestimmung von sinnlichem Bewußtsein und unmittelbarem Selbstbewußtsein unter der Form des schlechthinnigen Abhängigkeitsgefühls übergehen können. Er tut dies nicht und führt stattdessen die ausdrücklich so genannte Hilfskonstruktion des verworrenen Bewußtseins ein, sich selber zweimal bescheinigend, daß dies ratsam bzw. unbedenklich sei[33]. Warum?

Die Antwort ergibt sich, wenn man das von Schleiermacher herangezogene tierartig verworrene mit dem sinnlichen Bewußtsein seinem Inhalt nach vergleicht. Das erste ist beschrieben als ein solches, in welchem ein Gegenübertreten von Subjekt und Objekt noch nicht stattgefunden hat. Es ist das vorsprachliche Bewußtsein, welches an anderer Stelle[34] etwas ausführlicher als ein animalisches Bewußtsein beschrieben ist. Sein Kennzeichen ist die Engführung der sinnlichen Wahrnehmung auf den Bereich unmittelbarer biologischer Lebensfunktionen und Bedürfnisbefriedigungen. Dasjenige, welches die biologische Lebensfunktionen stützt und fördert, affiziert die animalische Lebensweise mit Lust; dasjenige, welches die rein biologischen Lebensfunktionen hemmt oder mindert, wirkt Unlust. Es liegt dann auf der Hand, daß dem so bestimmten Wahrnehmen der Gesamtbereich des Wirklichen lediglich unter der Chiffre der biologischen Lust- oder Unlustempfindung zugänglich ist, während alle Wirklichkeitsbereiche und -dimensionen, die sich nicht auf biologische Funktionen reduzieren, der animalischen Wahrnehmung ausgeblendet bleiben. Es gibt sie nicht, und sofern es sie nicht gibt,

---

[33] GL² § 5,1; I, 31,9; 32,34.
[34] Dial. 335.

ist das auf diese Weise in seiner Wahrnehmung eingeschränkte Bewußtsein auch nicht in der Lage, sich selber jenseits der biologischen Lust-/Unlustempfindungen als gegebene und gesetzte Größe zu erfahren. Weder kann eine Subjekt-Objekt-Relation bewußt werden noch die Wirklichkeit — im Wortsinn — begriffen noch das Einzelne sich kraft Gattungsbewußtseins als Individuum abgesetzt finden.

Betrachtet man nun diese niederste Stufe im Zusammenhang der bisherigen Überlegung, so bleibt vor allem dies: Das tierartig verworrene Bewußtsein kann in sich selber weder durch den ontologischen Sachverhalt noch — im Gefolge dessen — durch den dialektischen Entfaltungszusammenhang inform der Gattungsidentität bestimmt sein. Es handelt sich also, auf menschliche Bewußtseinszustände gesehen, um das Minimum humanen Bewußtseins. Das impliziert die Frage nach dessen Maximum. Ich folgere deshalb: Schleiermacher führt die erste niederste Stufe in seine Überlegungen ein, um entsprechend dem Verfahren der Entgegensetzung und Verknüpfung in der Betrachtung des äußersten Mindestmaßes humanen Bewußtseins zugleich dessen Maximum beschreiben zu können. Der Logik seines Denkens folgend, wäre alsdann derjenige Inhalt des Bewußtseins der größte, in welchem das Bewußtsein, sich selbst unmittelbar als gesetzt erfahrend und also dem Widerfahrenden in Nicht-Identität gegenüberstehend, sich zugleich zum Bewußtsein eines Weltganzen erweiterte, kraft dessen dieses Welt- und Selbstbewußtsein auf der organischen Seite zugleich die eigentliche Quelle des Angenehmen bzw. der eigentliche und einzige Ursprung der Lustbefriedigung wäre. Den Hauptakzent trägt hierbei der organische Affekt Lust. Wenn, das benannte Minimum von Bewußtsein zugrundegelegt, diesem die Befriedigung der schier biologischen Funktionen als Ursprung der Lust erscheint, so muß ein Bewußtseinsmaximum darin seine Lust empfangen, daß ihm die Gesamtheit seiner das Ganze der Wirklichkeit umfassenden Bewußtseinstatsachen zu befriedigender Bedürfnisstillung wird. Größer aber als die Subjekt-Objekt-Entgegensetzung, in welcher das Objekt als das dem Subjekt gegenüberstehende Andere erscheint, größer also als das gegenständliche Bewußtsein ist alsdann dasjenige Bewußtsein, in welchem das Subjekt in seinem Gegenüber zu einem ihm Anderen sich diesem zugleich als Einheit erfährt. Nun freilich kann die Form, diese Einheit lustvoll zu erfahren, nicht das sinnliche Bewußtsein sein. Denn dieses, wie Schleiermacher es beschreibt, besteht aus einer unübersehbaren Menge in der Anschauung wahrgenommener sinnlicher und intellektueller Gegenstände, welche zugleich die mannigfaltigsten Impressionen im sinnlichen Bewußtsein hervorrufen, deren Grundklang freilich der bleibt, daß ihm immer ein Anderes, Nichtidentisches und Entgegengesetztes gegenübersteht. Zur Einheit des Weltganzen, unter die sich das Subjekt mitsamt der Summe seiner Selbst- und Welterfahrung in der Nichtidentität zum wahrgenommenen Gegenstand lustvoll subsumieren ließe, kann es das sinnliche Bewußtsein, dasjenige also, welches sich denkend der Gegenstände annimmt und handelnd an ihnen wirksam wird, nicht bringen. In seiner Weltbegegnung erfährt sich das Subjekt beständig nur in seiner Begrenzung und in seiner Ausgesetztheit an die Wirkungen der Welt. Anders das Gefühl der schlechthinnigen Abhängigkeit: In der unmittelbaren Erfahrung seiner schlechthinnigen Gesetztheit und in der staunend darin worthaft werdenden Anrufung der es setzenden schlechthinnigen Gotteswirklichkeit findet sich das Subjekt zusammen mit der Summe seiner Bewußtseinstatsachen sowie den diese bestimmenden Gegenständen in der Einheit welthaften Seins, welche es zugleich im widerfahrenden Gefühl schlechthinniger Abhängigkeit in seiner Summe als schlechthin abhängig prädiziert: darin in das Sein der Welt mitsamt der sie tragenden und begründenden schlechthinnigen Ursächlichkeit eingeborgen und aufgehoben in ihr[35]. — Fragt man also nach der Funktion, welche im Gedankengang der Einleitung zu GL^2 jener eigentümlichen Hilfskonstruktion einer niedersten Stufe des Bewußtseins zukommt, so ist es die, zu einem unterstellten Minimum von Bewußtsein zugleich dessen Maximum zu eruieren, als welches alsdann nicht das gegenständliche Bewußtsein erscheinen kann, sondern das sinnliche Bewußtsein, wie es durchschossen und umschlossen ist vom Gefühl schlechthinniger

---

[35] GL^2 § 5,1; I, 32, 27—33.

Abhängigkeit. Diesem zeigen sich dann konsequenterweise die Inhalte des sinnlichen Bewußtseins, d. h. die Welt in ihrer Summe, als getragen und gewirkt von derselben Ursächlichkeit, welcher sich das Gefühl schlechthinniger Abhängigkeit verdankt.

Überraschend erscheint in diesem Denkzusammenhang das Gewicht des ontologischen Arguments. Es wird hier nicht eigentlich spekulativ deduziert, als vielmehr in der Erfahrung des Gefühls schlechthinniger Abhängigkeit exponiert; so daß an dieser Stelle eigentlich zu folgern wäre: das Gefühl schlechthinniger Abhängigkeit, wie es als Bestimmtheit des unmittelbaren Selbstbewußtseins die sensuelle Organisation des Subjekts affiziert und in dem den Affekt zutreffend in Rede setzenden Begriff zur mitteilbaren Gewißheit wird, leistet hier auf's genaueste dasjenige, was im vorkritischen Denken die spekulative Vernunft des Glaubens zu leisten hatte. Es wirkt persönlichkeitskonstitutiv und gleichzeitig damit auf antiskeptizistische Weise gewißheitskonstitutiv für die Erkenntnis der Welt[36].

Gewendet auf die Ausgangsfrage nach der Wirkung von Glauben im glaubenden Subjekt, bedeutet dies: Das Gefühl schlechthinniger Abhängigkeit stellt die unter der Form der Entgegensetzung wahrgenommenen Gegenstände der Welt, soweit sie als Tatsachen des sinnlichen Bewußtseins erscheinen, in den Horizont derjenigen sie begründenden Wirklichkeit, welche dem Subjekt im schlechthinnigen Abhängigkeitsgefühl unmittelbar und in Schlechthinnigkeit erfahrbar wird. Es stellt sie in den Horizont der Wirklichkeit Gottes. Dieses Hineinstellen ober Bezogenwerden des sinnlichen Bewußtseins auf das Gottesbewußtsein (und nicht schon das schlechthinnige Abhängigkeitsgefühl an ihm selber), also die widerspruchsfreie Relation beider Bewußtseinszustände inform der Wirksamkeit des höch-

---

[36] Beispielhaft die Überlegungen des Thomas v. Aquin, der in seinen Erörterungen zur simplicitas Dei auf die wissenschaftsbegründende und gewißheitskonstitutive Funktion der spekulativen Theologie eingeht: haec scientia (sc. sacra doctrina) alias speculativas scientias excedit. Secundum certitudinem quidem, quia aliae scientiae certitudinem habent ex naturali lumine rationis humanae, quae potest errare; haec autem certitudinem habet ex lumine divinae scientiae (S. th. I q.1 a. 5 i.c.).

sten auf den mittleren bzw. das Anziehen des höchsten durch den mittleren nennt Schleiermacher Frömmigkeit. Damit ist allerdings noch nicht die ganze Wirkung des Glaubens beschrieben. Das sinnliche Bewußtsein[37] teilt mit der niedersten Stufe die organische Rezeptivität, die unter dem Begriffspaar Lust und Unlust ausgedrückt ist. Wie jenem, so ist auch diesem alles, was den sinnlichen Lebensvollzug fördert, eine Quelle der angenehmen Empfindung, und alles, was ihn hemmt, eine Quelle der Unlust. Daß sich dabei die Lust — Unlust — Empfindungen dem für das sinnliche Bewußtsein charakteristischen partiellen Abhängigkeits- und partiellen Freiheitsgefühl nicht unbedingt deckungsgleich verhalten, leuchtet ein: ein teilweisiges Abhängigkeitsgefühl, wie es Kinder gegen ihre Eltern oder Bürger gegen ihre Staatsmacht haben mögen, kann durchaus eine Förderung der sinnlichen Lebensfunktionen darstellen und also ohne weiteres lustvoll erfahren werden, während anderseits die wirksame Auseinandersetzung mit den Objektivitäten den Weltprozesses, welche einen Moment teilweisigen Freiheitsgefühls darstellt, ebensosehr als Quelle der Unlust wahrgenommen werden kann, dann nämlich, wenn das Handeln an der Welt die sinnlichen Lebensfunktionen nicht fördert, sondern eher mindert und hemmt.

Nun reduziert sich aber — und das ist der entscheidende Punkt — der menschliche Lebensvollzug nicht bloß auf die Wahrnehmung sinnlicher und intellektueller Funktionen. Das unmittelbare Selbstbewußtsein in seiner Bestimmtheit als Gefühl schlechthinniger Abhängigkeit gehört ihm wesenhaft hinzu, so daß ein menschliches Bewußtsein dort erst zur vollen Entfaltung seiner selbst und also zur vollen Wahrnehmung seiner Lebenslust gelangt, wo es sich seinem Gesamtumfang nach ungehindert ausfalten kann. Und nun liegt auf der Hand: Wenn das Gefühl schlechthinniger Abhängigkeit, wie behauptet, ein der menschlichen Natur wesentliches Element darstellt, so ist noch nicht dasjenige menschliche Leben in seinem Vollumfang lustvoll gelebt, welches wie auch immer das Gefühl

---

[37] Zum folgenden vgl. GL^2 § 5,4 in toto.

schlechthinniger Abhängigkeit an sich selber wahrnimmt, sondern
erst dasjenige, in welchem dieses Gefühl in seinem Hervortreten zur
ungehinderten Entfaltung kommen kann. Das aber ist dann der Fall,
wenn die affektive Organisation des Subjekts mit den sinnlich empfangenen Eindrücken zugleich auch und im selben Moment einen
Eindruck von der Gegenwart des Gefühls schlechthinniger Abhängigkeit mitsamt der sich in ihm repräsentierenden Wirklichkeit empfängt, so daß in jedem Moment der Rezeption eines sinnlich —
welthaften Eindrucks das Bewußtsein einen Rückbezug dieses Eindrucks auf die Gegenwart des Gefühls schlechthinniger Abhängigkeit zu leisten vermag. Kommt dieser Rückbezug nicht zustande, so
kann das Subjekt den sinnlichen Eindruck wohl in bezug auf seine
biologischen und intellektuellen Funktionen als lustvoll empfinden;
gleichzeitig aber, da sich das Bewußtsein nicht vollumfänglich aus-
zufalten vermag, wird es die Unbezüglichkeit des sinnlichen Moments auf das Gefühl schlechthinniger Abhängigkeit, dieses also
durch jenen begrenzt und eingeengt und somit als unangenehm
erfahren[38]. Das kann auch als ein jenseits des Bewußtseinsvollzugs
liegender Mangel beschrieben werden (weil ein in Unkräftigkeit
anwesenden Gefühl schlechthinniger Abhängigkeit als solches eben
nicht gefühlt wird), der aber zu Recht so bezeichnet wird, weil die
positive Erfahrung lustvoll sich durchsetzenden Gefühls schlechthinniger Abhängigkeit sozusagen im Rückblick den Mangel desselben
als Unvollständigkeit des Lebens erkennen läßt[39].

Was also wirkt das Gefühl schlechthinniger Abhängigkeit, so
bezogen auf die Wahrnehmung des sinnlichen Bewußtseins im Gan-
zen? Es wirkt, so ist zu antworten, indem die Gesamtheit des sinnlich
Wahrnehmbaren in den Horizont der schlechthinnigen Abhängigkeit
hineingestellt wird, die affektiv lustvoll erfahrene Wahrnehmung des
Weltganzen als der einen von Gott schlechthin abhängigen Kreatur.
Und wirkt, so läßt sich das jetzt abgekürzt und in der Sprache der
Predigt sagen, die unmittelbar gewisse Erkenntnis des Glaubens,

---

[38] GL² § 62,1; I, 342,14—19.
[39] GL² § 5,4; I, 38,31—35.

daß die Welt einen Schöpfer hat, der sie gemacht hat, trägt, erhält, leitet und regiert. Und dies endlich ist der appellative und akklamative Sinn des im vorliegenden Gedankengang so bedeutsamen ontologischen Arguments[40].

Allerdings ist mit dieser Sichtweise noch keine spezifisch christliche Position beschrieben, sondern immer noch erst in bestimmter Abstraktion die Wirkung des Glaubens im allgemeinen. Aber es läßt sich über den vorbezeichneten Strukturrahmen hinaus jetzt dies erkennen: Nach Seiten der anthropologischen Konkretion liegt wiederum der entscheidende Akzent auf dem sinnlich affektiven Apparat. An ihm entscheidet sich, ob das abstrakt Beschriebene in der bestimmten Lebenssituation erfahren wird oder nicht. Für die Frage nach der Mitteilbarkeit des Glaubens in seiner Gewißheit bedeutet das nach dem oben anhand der Sturkturanalyse festgestellten ersten Gewinn, demzufolge geschehende Glaubensmitteilung in der Alleinwirksamkeit Gottes steht, jetzt den folgenden zweiten: Glaubensmitteilung, wo und wenn sie geschieht, tritt kraft schlechthinnigen Abhängigkeitsgefühls in den Horizont sinnlicher Wirklichkeitswahrnehmung ein. In der Lust am Herrn ist die Wahrnehmung der Weltgegenstände in ihrer Gottesabhängigkeit nicht eine bloß abstrakte und intellektuelle Forderung des Glaubens, sondern sinnlich erfahrener und unmittelbar gefüllter Affekt[41]. Und der endlich ist tathafte Natur. Denn die in der Wirksamkeit des Glaubens geschehende Erfahrung des Weltganzen als eines von Gott abhängigen und damit implizit schon die Erkenntnis Gottes als des Erhalters kann nicht vom sinnlichen Bewußtsein allein, also in der Selbstbewegung der Vernunft, sachgemäß vollzogen werden[42]. Sie ist vielmehr unter Impuls des höheren Selbstbewußtseins, wie es als das das sinnliche Bewußtsein durchdringende Gefühl schlechthinniger Abhängigkeit

---

[40] CS: „Was ist denn aber so die erste Thätigkeit, mit der das neue Leben in uns beginnt? Offenbar eine Lobpreisung Gottes, also darstellendes Handeln." SW I, 12,83.

[41] Ebd. 41 f.

[42] Ebd. 83.

da ist, eine Tat der Frömmigkeit. Darin endlich liegt der Schlüssel für die eigentlich gemeinte zentrale Wirkung des Glaubens. Die Setzung, mit der das Bewußtsein, sich selbst als schlechthin abhängig erfahrend, sich in der Gemeinschaft mit allem endlichen Sein in die Abhängigkeit von Gott gestellt sieht und dieselbe in die Handlungsform des Gotteslobs wendet, ist als Tat des Subjekts unter dem Impuls der Frömmigkeit ein Akt der Freiheit.

An dieser Stelle ist eine Zwischenbemerkung zum Freiheitsbegriff Friedrich Schleiermachers erforderlich. Denn tatsächlich gehört der Freiheitsgedanke zum inneren Pathos der Glaubenslehre. „Freie menschliche Handlungen" stehen begründend im Ursprungsfeld der kirchlichen Gemeinschaft[43], und wiederum bilden Erwägungen über Abhängigkeit und Freiheit das Wurzelgeflecht des Zentralbegriffs „Gefühl schlechthinniger Abhängigkeit" (GL^2 § 4), so daß die Frage nach der Schlechthinnigkeit von Freiheit geradezu den Wechselpunkt der Erörterung der schlechthinnigen Abhängigkeit bildet. Was also meint „Freiheit"?

Ich greife zurück auf die Dialektik. Im Zusammenhang der transzendentalen Erörterung über das Wissen unter der Form des Urteils[44] untersucht Schleiermacher die Polarität von Freiheit und Notwendigkeit[45]. Dabei geht es um die Frage, inwieweit das Denken in der Konstruktion des Wissens (also unterwegs zu derjenigen Formel des transzendenten Grundes, welcher für die Gewißheit des Wissens erforderlich ist) die Totalität des Wirklichkeitszusammenhangs sachgemäß unter den Begriffen „Freiheit" und „Notwendigkeit" beschreibt. Nun ist dieser Gegensatz, bezogen auf's Weltganze, natürlich wie alle innerweltlichen Entgegensetzungen kein absoluter; vielmehr enthalten beide Begriffe jeweils das Ganze unter ihrem je eigenen Blickpunkt. Diejenige Denkform, welche den Gegenstand des Denkens unter ein bestimmtes Prädikat subsumiert, heißt Urteil.

---

[43] GL^2 § 2,2; I, 12,15.
[44] Dial. 249.
[45] Dial. 256.

Es handelt sich also um diejenige Denkform, welche den abstrakten Begriff in seiner zeiträumlichen Bestimmtheit ortet. Dies geschieht so, daß auf den Begriff bestimmte Prädikate Anwendung finden, welche ihn in einen bestimmten Wirkungszusammenhang tätiger oder leidentlicher Art mit einem oder mehreren anderen Begriffen setzen[46].

Das bedeutet: Das Urteil beschreibt die Totalität der widerfahrenden Gegenstände in ihrer wechselseitigen Bedingtheit. Indem der eine Gegenstand auf den anderen eine Wirkung ausübt bzw. eine solche von einem anderen empfängt, sind die dem Begriff zugrundeliegenden Gegenstände in ihrer zeiträumlichen Verflochtenheit unter der Form des Urteils als Kette von Kausalitäten begriffen. Insofern konvergiert dem Denken unter der Form des Urteils die Notwendigkeit: Weil A sich so verhält, verhält sich B so. — Anders arbeitet das Denken unter der Form des Begriffs. Hierbei abstrahiert das Denken vollständig von der zeiträumlichen Bestimmtheit, um den wahrgenommenen Gegenstand unter seine allgemeinste Abstraktion zu subsumieren. Der Begriff abstrahiert also, in's äußerste gedacht, von jeder bestimmten Prädikation und faßt als der äußerste Begriff das allgemeine Sein, wie es im Einzelnen in Erscheinung tritt[47]. Damit ist aber im Begriff das allgemeine Sein zugleich als Kraft gesetzt, als eine solche freilich, welche nicht nach Art einer Einzelursache etwas bewirkt, sondern als eine solche, die in der Totalität des Wirkenden und Bewirkten als deren Substrat erscheint. Der Kausalitätszusammenhang in seiner Gesamtheit stellt sich folglich dem Begriff als Erscheinung der ihm zugrundeliegenden Kraft dar, so daß die im Begriff erfaßte allgemeine Kraft sich lediglich noch im Verhältnis von Kraft zu Erscheinung als Gesamtursache oder Grund eines Kausalitätszusammenhangs im ganzen aussagen, nicht aber sich als Einzelursache für einen Einzelsachverhalt in Anspruch nehmen läßt[48]. Der dem Begriff sich als Erscheinung

---

[46] Dial. 251 f. 256.
[47] Dial. 238 ff.
[48] Vgl. hierzu GL^2 § 49,1; I, 249 ff. und Dial. 258.

darbietende Sachverhalt führt also auf die ihm zugrundeliegende Kraft als Grund der Erscheinung, und diese Kraft, wofern sie in der Gesamtheit ihrer Entfaltungsweisen erscheint, setzt sich den erscheinenden Gegenständen in ihrer gegenseitigen kausalen Verkettung als das Freie dem Notwendigen gegenüber. So daß das Weltganze, dem Denken sich unter der Form des Urteils darbietend, in der Wechselwirkung seiner Einzelgegenstände aufeinander als Totalität von Notwendigkeiten, demselben Denken unter der Form des Begriffs sich darbietend, in der Gesamtheit seiner Einzelgegenstände aber als Hervortreten eines Freien erscheint. Dem Wortmaterial nach ergibt sich also eine innere Zusammengehörigkeit der Sprachelemente Einheit, Kraft, Freiheit, Begriff gegenüber der anderen Reihung: Mannigfaltigkeit, Kausalität, Notwendigkeit, Urteil[49]. Für den Sachgehalt des Begriffs Freiheit bei Schleiermacher bedeutet das jedenfalls: Wo im Zusammenhang seines Denkens das Wort Freiheit erscheint, wird der so bezeichnete Sachverhalt nicht als Element des kausalen Weltzusammenhangs, also nicht als Wirkendes und Bewirktes (causa et causatum) verstanden, sondern als, wenngleich Wirkendes, so aber nicht Bewirktes, mithin als „freie Ursache"[50]. Die das Freie bewirkende Ursache ist dann jedenfalls nicht eine Ursache nach Art der Ursachen der Wechselwirkung. Vielmehr muß überall dort, wo von „frei" bzw. „Freiheit" gesprochen ist, das so Bezeichnete als Erscheinung, wenn nicht gar Präsenzweise eines nicht durch welthafte Kausalität Bedingten, also als Präsenzweise einer für sich akausalen Kraft begriffen werden. — Wenn nun Kirche aus freien menschlichen Handlungen entsteht, so ist jedenfalls dies darin enthalten, daß die dem Entstehen einer frommen Gemeinschaft zugrundeliegende Handlung nicht als weltimmanente Reaktion auf einen welthaften Ursachenzusammenhang zurückzuführen ist, weil sie in einem solchen Falle als notwendige Handlung firmieren müßte. Vielmehr handelt es sich bei einem solchen Vorgang um einen

---

[49] Dial. 257.
[50] GL² § 49,1; I, 251,1.

Sachverhalt vollständiger Kontingenz und unableitbarer Positivität. —

Dieser Freiheitsbegriff ist nun auch auf das anthropologische Instrumentarium der Frömmigkeitsanalyse in Ansatz zu bringen. Das sinnliche Bewußtsein empfängt, wie beschrieben, seine Eindrücke aus der Wahrnehmung der sinnlichen Welt. Es reagiert darauf je nach Erlebnisweise mit Lust oder Unlust. Beide Reaktionen sind welthaft bedingt, folglich entsprechend den Begriffsbestimmungen der Dialektik notwendig. Das höhere Selbstbewußtsein indessen, also das Abhängigkeitsgefühl in seiner Schlechthinnigkeit, ist nicht Reaktion auf sinnliche Welteindrücke. Sein Impuls ist es vielmehr, den empfangenen Eindruck auf das Woher seiner Schlechthinnigkeit, also auf Gott, zurückzubeziehen. Dieser Rückbezug, unter Impuls des schlechthinnigen Abhängigkeitsgefühls als Tat des Subjekts gedacht, ist somit, da nicht durch sinnliches Bewußtsein bestimmt, sondern den sinnlichen Eindruck in die schlechthinnige Abhängigkeit einbeziehend, ein Akt der Freiheit; d. h. ein solcher, welcher nicht die psychischen Elemente Lust und Unlust zur Bedingung seiner Handlung hat, sondern einer, der in der Erfahrung von Lust und Unlust dieselben rückbeziehend in die tathaft gewendete schlechthinnige Abhängigkeit hineingenommen findet. Wo dieser Einbezug scheitert, wird die Herrschaft der sinnlichen Lust als Schmerz des höheren Selbstbewußtseins gefühlt; wo er statthat, erscheinen die sinnlichen Erfahrungen als Freude desselben[51] bzw. als Freude an dem Herrn. Auf diese Weise läßt sich als frei im Sinne Schleiermachers diejenige Zuständlichkeit oder Handlung beschreiben, welche ihrem Ursprung nach durch das Gefühl schlechthinniger Abhängigkeit bestimmt ist und welche den begegnenden Weltzusammenhang als Erscheinung der die schlechthinnige Abhängigkeit setzenden schlechthinnigen Ursächlichkeit Gottes begreift. Folglich wird das solcherart bestimmte Handeln nicht von den Lust- und Unlustempfindungen des sinnlichen Bewußtseins regiert. Vielmehr

---

[51] Vgl. hierzu GL² § 5,4; I, 38 in Verbindung mit § 11,2; I, 76 ff. sowie § 62,1; I, 342,10 ff.

werden unter dem Impuls der Frömmigkeit dem Bewußtsein in seiner Freiheit solche Zuständlichkeiten erstrebenswert sein, welchen sich das höhere Selbstbewußtsein mit Leichtigkeit verbindet, also solche, welche sich gleichsam schmerzfrei auf das Woher des schlechthinnigen Abhängigkeitsgefühls rückbeziehen lassen. Solcher Freiheit ist das Subjekt in seiner Gottesbezogenheit von Schöpfung her prinzipiell fähig. Das ist gemeint mit dem Lehrstück „Von der ursprünglichen Vollkommenheit des Menschen"[52].

Die prinzipielle Freiheit ist aber ebenso wie das Gottesbewußtsein in seiner Reinheit bloß eine Abstraktion. Tatsächlich ist der konkrete Lebensmoment anders zu beschreiben: nämlich in der Entgegensetzung solcher Bewußtseinszustände, welche als Erfahrung von Lust, und solcher, welche als Erfahrung von Unlust eintreten. Da nach Schleiermachers Grundvoraussetzung ein einzelner Bewußtseinszustand aber immer auch einen Beziehungszusammenhang von sinnlichem und höheren Selbstbewußtsein darstellt, so enthält jeder Bewußtseinszustand der Lust zugleich Momente der Unlust und jeder der Unlust zugleich Momente der Lust[53], so daß die prinzipielle Fähigkeit zur Freiheit konkret nur unter dem Gegensatz von Notwendigkeit und Freiheit resp. als Teilweisigkeit von Freiheit und Abhängigkeit oder, mit GL II zu sprechen, unter dem Gegensatz von Fleisch und Geist erscheint. Beide bestehen im selben Subjekt „als zwei einander widerstrebende Agentien"[54], wobei wir „uns des Geistes als *eines* bewußt (sc. sind); das Fleisch aber ist ein *Vielfaches*"[55]. Mit der Begriffsbildung der Dialektik ist in diesem „Vielfachen" unschwer „die absolute Gemeinschaftlichkeit des Seins, d. h. das Chaotische, das Nebeneinandergesetztsein von allem" oder auch die „Materie", ausgedrückt unter der Form des Urteils[56], wiederzuerkennen. So daß zu folgern ist: Der Akt, mit dem der Geist den

---

[52] GL² §§ 60. 61.
[53] GL² § 62,1; I, 342,10 ff.
[54] GL² § 66,2; I, 357,9.
[55] GL² § 67,2; I, 360,19. — Sperrung im Original.
[56] Dial. 259.

lebendigen Moment erfüllt und also des Fleisches (als des Chaoti-
schen der sinnlichen Impulse) Herr wird, ist zugleich ein Akt der
Freiheit. Dabei ist allerdings „Geist" nicht einfachhin dem höheren
Selbstbewußtsein identisch. Vielmehr beschreibt dieser Begriff die
Kräftigkeit oder Tendenz des höheren Bewußtseins, sich die Zustände des sinnlichen Bewußtseins zu vereinen bzw. als Impuls und
Antrieb dessen Aktionen zu bestimmen, so daß imgrunde mit dem
Geist die im höheren Selbstbewußtsein repräsentierte Kraft und
letztendlich also die Frömmigkeit selber in ihrer Wirksamkeit be-
schrieben ist. Deshalb kann also im Blick auf den Freiheitsbegriff
Friedrich Schleiermachers in bezug auf die Weltwahrnehmung prinzipiell von der befreienden Kraft des Gottesbewußtseins gesprochen
werden.

Nun ist es aber, wie wir gesehen haben, das sinnliche Bewußtsein,
welches unter Antrieb des Geistes den Rückbezug widerfahrender
Weltbegegnung auf die schlechthinnige Ursächlichkeit Gottes zu
vollziehen hat, indem es sich kraft Glaubens mit allem Sein als
abhängig von Gott befindet (und dieses Sich-Befinden ist hier durchaus im Doppelsinne zu verstehen!). Darin macht das Bewußtsein
seine Gottesabhängigkeit zur Basis eines Handelns, welches nicht
durch die Impressionen des sinnlichen Bewußtseins, also durch das
Chaos der Weltwahrnehmung bedingt ist, sondern als Ausdruck
seiner Gottesbezogenheit erscheint. Ein solches Handeln nennt
Schleiermacher ein freies Handeln, d. h. ein in seinem Antrieb von
den welthaften Affektionen befreites und den Bedingungen von
Welterfahrung überlegenes sittliches Handeln[57]. Was aber ist dessen
Ziel?

Nun wäre leicht mit schleiermacherschem Begriffsmaterial zu
antworten: Ziel der solcherart in sittlichem Handeln sich ausdrücken-
den wirkenden und befreienden Kraft des Gottesbewußtseins wäre
eine „absolute Leichtigkeit" desselben, also die Fähigkeit, jede Er-

---

[57] Vgl. hierzu Dial. 83: „Das Handeln mit Bewußtsein ist das sittliche"; sowie GL²
§ 9,1; I, 61,9—19; ebd. § 68,1; I, 361,4 ff.; ebd. § 112,1; II, 200,29—201,3.

fahrung des sinnlichen Bewußtseins mit gleicher Leichtigkeit — die Erfahrung sei dem sinnlichen Bewußtsein leicht oder schwer, sie sei angenehm oder unangenehm — dem Gefühl schlechthinniger Abhängigkeit zu verbinden[58]. Nur würde anderseits eine solche Antwort zu kurz greifen, wenn damit gemeint sein sollte, daß die Handlung des sinnlichen Bewußtseins lediglich hinsichtlich ihres Impulses und also aus Frömmigkeit geschehen müßte, hinsichtlich ihres Ziels und ihrer Abzweckung aber durch eine in Richtung auf die Welt zu erzielende Wirkung zu bestimmen wäre, so daß also nicht so sehr Absicht und Ziel der Handlung (welche ihresteils fraglos Momente des sinnlichen Bewußtseins sind), als vielmehr bloß der Täter in seinem Handlungsantrieb vom Gefühl schlechthinniger Abhängigkeit begleitet und bestimmt wäre. Dies kann als Beschreibung eines durch das Gottesbewußtsein befreiten sittlichen Handelns schon deshalb nicht zutreffend sein, weil in dem Fall die Handlung, von Gotteslust her ihren Anfang nehmend, aber von bezweckter Weltwirksamkeit, in bezug auf das Zu-Bewirkende nur noch im Verhältnis von Ursache und Wirkung zu bestimmen und also nicht wirklich eine freie sittliche Handlung mehr sein könnte[59]. Es muß also das Ziel der Handlung jenseits des von Weltnotwendigkeit eingegrenzten Rahmens gesucht werden und kann dann eigentlich nur ein solches sein, in welchem die Wirkung auf die sinnlich erfahrbare Welt lediglich ein Mitgegebenes in bezug auf das nicht durch Welt bestimmte Ziel ist. Hält man hinzu, daß das Ziel der Handlung, soweit es als das Gewollte in der Willensbildung des tätigen Subjekts seinen Ort hat, tatsächlich nichts anderes als ein Element des sinnlichen Bewußtseins ist, das in seiner Gesamtheit — die Leichtigkeit des Gottesbewußtseins hier vorausgesetzt — auf das Gottesbewußtsein bezogen ist, so muß, wie der Impuls der sittlichen Handlung, so auch ihr Ziel von Gottesbewußtsein bestimmend begleitet sein. Das für die Zielsetzung Bestimmende kann dann nicht die Welt, sondern nur das Gottesbewußtsein selber sein, so daß die

---

[58] GL^2 § 62,1; I, 341 f.
[59] Hierzu CS; SW I, 12,56.

Weltwirkung lediglich als das Mitgewollte gegenüber einem dem Kern nach und wirklich Gewollten erscheint. Das dem Kern nach und wirklich Gewollte des sittlichen Handelns aber, soweit sein Ursprung im Gottesbewußtsein steht — dasjenige also, demgegenüber Weltwirkung und Weltwirksamkeit sich lediglich als Mitgewolltes verhalten können —, kann seinesteils nichts anderes sein als jene höhere Lust des Gottesbewußtseins selber, welcher sich der Antrieb des Handelns verdankt, d. h. das im Gemüt selber ungehinderte Hervortreten und Ausfalten des Gefühls schlechthinniger Abhängigkeit, wie es das sinnliche Bewußtsein bestimmt. Gewollt also ist das ungehinderte und ungehemmte Hervortreten der Frömmigkeit selber. Hier liegt das Ziel des frömmigkeitsbestimmten sittlichen Handelns. Weltwirkung ist ihr immer nur das Mitgewollte, das dem Kern nach und wirklich Gewollte aber ist die Darstellung und Mitteilung des handlungsbestimmenden Glaubens[60]. Schleiermacher meint diesen Sachverhalt, wenn er von dem Ziel der christlichen Glaubensmitteilung als von der Förderung der Gottseligkeit oder von der Beförderung des Reiches Gottes spricht; und dasselbe ist gemeint, wenn er den christlichen Glauben als Religionsform teleologischen Charakters kennzeichnet.

Nun kann auf die hieraus sich ergebenden Probleme für die christliche Ethik nicht eingegangen werden. Aber deutlich ist dies: Das Ziel der Frömmigkeitsmitteilung kann nicht eine wie auch immer bestimmte Weltwirkung oder Weltwirklichkeit sein. Das Ziel kann immer nur die Herstellung eines bestimmten Weltverhältnisses durch das und für das fromme Subjekt sein; und zwar eines solchen Weltverhältnisses, in welchem alle sinnlichen Erfahrungszustände als dem schlechthinnigen Abhängigkeitsgefühl mit Leichtigkeit zu verbinden sind, während alle jene Zustände, welche in bezug auf das leichte Hervortreten des schlechthinnigen Abhängigkeitsgefühls eine Hemmung mit sich bringen, als Vermeidungszusammenhänge erscheinen. Daraus folgt: Der eigentlich und dem Kern nach gemeinte Zielpunkt der frömmigkeitsbestimmten freien Handlung ist das

---

[60] CS; SW I, 12,508. 536 f.

fromme Subjekt in seiner schlechthinnigen Gottesabhängigkeit selber.

Für die Frage nach der Mitteilbarkeit des Glaubens in seiner Gewißheit ergibt sich an dieser Stelle nach den bereits gefundenen und beschriebenen Elementen (sc. dem ontologischen Argument, dem dialektischen des Gattungsbewußtseins, der Alleinwirksamkeit Gottes als der sachlichen Voraussetzung der Glaubensmitteilung sowie der Gotteslust als dem anthropologischen Zugangselement) eine weitere grundlegende Erkenntnis. Ist nämlich für das mit dem Gottesbewußtsein hervortretende Frömmigkeitshandeln das fromme Subjekt in seiner Weltbeziehung selber die eigentliche Abzweckung, und ist also die christliche Frömmigkeitsweise eine teleologische deshalb, weil aus ihr der Impuls zur freien sittlichen Tat entspringt, deren Ziel wiederum die freie sittliche Tat selber ist: so kann nach der schleiermacherschen Logik des Denkens dies tatsächlich nur dann ein Ziel sein, wenn nach der Seite des rezeptiven Subjekts dieses Ziel als ein zwar gewolltes, aber eben, indem ein gewolltes, darin zugleich als ein nicht vollumfänglich Gegebenes da ist[61]. Das fromme Subjekt, angeregt zur freien Tat der Sittlichkeit, ist ausgewiesen als unterwegs zur Vollgestalt seiner eigenen Frömmigkeit. Das ist jetzt der entscheidende Punkt. Indem nämlich die angestrebte Leichtigkeit des Gottesbewußtseins, dem Handlungsimpuls zugrundeliegend, *jetzt* aber nicht ist und also lediglich als Zukünftigkeit erscheint, so ist in aller Regel das schlechthin abhängige, des Bewußtseins schlechthinniger Abhängigkeit strukturell und prinzipiell fähige und also in bezug auf dasselbe grundsätzlich mitteilungsfähige Subjekt in dieser Hinsicht, auf den Jetztstand des frommen Handelns gesehen, faktisch, d. h. den Tatsachen nach, unfähig[62]. Zwar ließe

---

[61] Von hier aus erschließt sich die Differenzierung des sittlichen Handelns in seiner Gesamtheit nach seinen Entgegensetzungen „wirksames Handeln" und „darstellendes Handeln", wobei das wirksame Handeln nach seinen Polen „reinigendes" und „verbreitendes" Handeln ausgefaltet ist; vgl. CS; SW I, 12,78 ff. Darauf kann im vorliegenden Zusammenhang nicht weiter eingegangen werden.

[62] GL^2 § 89,1; II, 23,32.

sich einwenden: Es geschieht ja dann und wann ein leichtes Hervortreten der frommen Gemütszustände und wird nur eben dann und wann von Hemmnissen der Gotteslust unterbrochen, also dürfte man bloß von einem Mehr und Minder, mithin von quantitativen Schwankungen in der Leichtigkeit des Gottesbewußtseins sprechen[63]. Tatsächlich aber wiederholt sich hier der oben bereits dargestellte Gedanke, wonach schon das durch partielle Weltabhängigkeit eingeschränkte höhere Bewußtsein eine völlige Trübung der reinen Gottesbeziehung aussagt. Denn der dialektischen Methodik nach fordert das errechenbare Mehr und Minder zu seiner Entgegensetzung nicht die Summation von Mehr (ein immer weiter sich summierendes Mehr behält gleichwohl seine Beziehung auf ein sich minimierendes Minder), sondern die jenseits von Mehr und Minder liegende Identität des Gottesbewußtseins heraus: also die stete Leichtigkeit des Gottesbewußtseins im Gegenüber zu seinem quantifizierbaren Schwanken[64]. Hieraus ergibt sich: Indem das menschliche Bewußtsein strukturell der Frömmigkeit sowohl als der Frömmigkeitsmitteilung grundsätzlich fähig, damit also auch zu sittlichem Tun und zum Handeln der Frömmigkeit in der Lage ist, so erscheinen die Hemmung des Gottesbewußtseins als verantwortliche Tat des Subjekts und das quantitative Schwanken im Blick auf die stete Leichtigkeit der Gottesbezogenheit als Nachweis einer tatsächlichen Gebundenheit des Gefühls schlechthinniger Abhängigkeit in seinem Hervortreten gegenüber der Wirksamkeit der von der sinnlichen Welt ausgehenden Impulse zu einer bloß sinnlichen und damit den vollen Umfang struktureller Humanität verfehlender Lustbefriedigung. Diese Gebundenheit meint keinen anthropoontologischen Sachverhalt, sondern sie meint nichts als die Rückbezogenheit subjektiver Frömmigkeits- und Welterfahrung auf den Ist-Zustand des Faktischen. Gottesbewußtsein schwankt, und indem es schwankt, ist

---

[63] GL² § 11,2; I, 77,27 vgl. ebd. § 62,1; I, 342,4.
[64] Vgl. CS; SW I, 12,36—41; dazu auch Schleiermachers Randbemerkung in seinem Handexemplar zu GL² § 5,4; I, 38 Anm. b).

es zu seiner Fülle und zu vollumfänglicher und jederzeitiger Entfaltung der Erlösung bedürftig.

Damit hat Schleiermacher eine beeindruckende Grundlegung für die Lösung des Kernproblems christlicher Gnadenlehre gewonnen. Zusammengedacht sind einerseits die strukturelle Ingegrität der Schöpfung derart, daß das beschriebene Schwanken des Gottesbewußtseins nicht unter die konstitutiven (anthropoontologischen) Elemente der Schöpfung gezählt werden kann; so aber zugleich, daß die tatsächlich geschehenden Mehrungen und Minderungen von Gottesbewußtsein an den Ist-Zustand aktualen Frömmigkeitslebens gebunden sind. Sünde also — und nichts anderes ist gemeint — erscheint der Analyse des menschlichen Bewußtseins zufolge als ein von den augenscheinlichen Schwankungen des Gottesbewußtseins her belegter, im Gesamtumfang der Gattung Mensch gegebener und diesen Gesamtumfang umfassender faktischer (angemessen wäre auch zu sagen: ontischer) Tatzusammenhang. Auf diese Weise stehen Integrität der Schöpfung (der Welt sowohl als der Menschennatur) und umfassende Erlösungsbedürftigkeit als vollständig zweierlei und dennoch in der Einheit des Seins ineinander.

Der bisherige Gedankengang hat in bezug auf die Frage nach der Mitteilung des Glaubens in seiner Gewißheit folgende Elemente zutage gebracht:

Das ontologische Argument zusammen mit der dialektischen Entwicklung des Gattungsbewußtseins unter Voraussetzung der Alleinwirksamkeit Gottes bilden den strukturellen Rahmen geschöpflicher Integrität. Die affektive Konkretion von Frömmigkeitserfahrung nach Lust und Unlust im Gegenüber zu einer sich beiden entgegensetzenden unquantifizierbaren steten Leichtigkeit des Gottesbewußtseins bildet den anthropologischen Zugang. Der in der erschlossenen Vollgestalt von Frömmigkeit gesetzte Impuls zu freiem sittlichen Handeln bildet den Ursprungspunkt der Frömmigkeitsmitteilung. Dieses alles als miteinander richtig und zutreffend gesetzt, ergibt für die Leitfrage nach Möglichkeit und Wirklichkeit gesche-

hender Glaubensmitteilung folgende Anschlußüberlegung: Welche
Faktoren müssen gegeben sein, damit Frömmigkeit, wie sie sich hier
dem Eigenanspruch nach nicht aus spekulativer Deduktion, auch
nicht aus schier empirischer Deskription, sondern aus der dialektischen Analyse vorfindlichen Frömmigkeitsbewußtseins — also hart
an der erfahrbaren Wirklichkeit — darstellt, in ihrer Vollgestalt auch
statthaben und in ihrem Statthaben auch mitgeteilt werden kann?

An dieser Stelle bewegt sich der Gedankengang geradezu unausweichlich auf das christologische Fundament schleiermacherscher
Theologiebildung zu. Ursprungspunkt der Frömmigkeitsmitteilung
muß nämlich, liest man jetzt die gefundenen Elemente gleichsam im
Gegenriß, beginnend mit dem letzten und sich ausfaltend auf die
ersterhobenen Denkzusammenhänge, ein absolut freies sittliches
Handeln sein, welchem jenseits aller Schwankungen von Gotteslust
und Gottesunlust die stete und unmittelbare Wirksamkeit Gottes im
Gefühl schlechthinniger Abhängigkeit der eine, reine und ungetrübte
Impuls seiner Daseinsform ebenso wie seiner Äußerungsweisen ist.
Der in solchem absolut freien sittlichen Handeln sich zur Sprache
bringende innere Sachverhalt der absolut gewissen und vollständigen
Kräftigkeit des Gottesbewußtseins wiederum muß in seinem Wahrgenommenwerden kraft der in jenem absolut freien sittlichen Handeln unmittelbar wirkenden Ursächlichkeit Gottes auf seiten der
Rezipienten eine solche Leichtigkeit des Gottesbewußtseins wirken,
daß das quantitative Schwanken der Gotteslust gegenüber den es je
und dann übermögenden welthaften Impulsen zu einer ihm gegen-
überliegenden Ruhe der Gewißheit findet dergestalt, daß in der
Kraft geschehender Wahrnehmung jedweder Erfahrungszusammen-
hang des sinnlichen Bewußtseins nach seiner Tatseite vor jener Ruhe
der Gewißheit als entweder Hemmnis oder Förderung derselben
erscheint. Mitteilung des Glaubens setzt somit sachlich die vollkommene Subjektivität eines absolut freien sittlichen Handelns voraus.
Sie setzt eine völlige und in jeder Hinsicht unangefochtene und
ungetrübte Herrschaft des Geistes über das Fleisch in subjekthafter
Subsistenz und also, da der Geist in seiner Beziehung auf die Summe
der psychophysischen Kräfte des Individuums (als gewissermaßen

causa exemplaris) das Wesen des Personseins ist, subjekthafte Subsistenz in vollumfänglich personaler Daseinsform voraus[65]. Es handelt sich dabei um eine solche personale Erfüllungsform des Glaubens, in deren Wahrnehmung die Rezipienten kraft Gattungsbewußtseins dieselbe organische Affektion der Gottesgewißheit herausbilden, welche im Akt der Wahrnehmung hinsichtlich der sie wirkenden Ursache als die nämliche im Wahrgenommenen wie im Wahrnehmenden erscheint. Hierbei treten die auf seiten des rezipienten Subjekts gegebenen quantitativen Schwankungen des Gottesbewußtseins in der Wahrnehmung jener personalen Erfüllungsform im Verhältnis von Erlösungsbedürftigkeit zu Erlösung auseinander[66], so daß erst in der Wahrnehmung derselben der allgemeine anthropologische Lebenszusammenhang als erlösungsbedürftig, die personale Erfüllung des Glaubens selber dagegen als Erlösung erscheint. M. a. W.: Die Mitteilung des Glaubens setzt die Person Christi voraus, in deren Wahrnehmung der Mensch die eigenen Schwankungen des Gottesbewußtseins als Erlösungsbedürftigkeit, ihn selber aber als Erlöser und Erlösung erfährt[67]. Dies wiederum kann nur dann der Fall sein, wenn in der Christusbegegnung und kraft der Christusbegegnung in dem Christus begegnenden Menschen dieselbe Gottesgewißheit entsteht, welche, indem sie entsteht, die Gottesgewißheit Christi ist. Folglich ist in der Beschreibung der Mitteilung des Glaubens, soweit sie ihrerseits ein Handeln ist, beides zusammenzudenken, nämlich ein in Christus erfülltes Dasein der absoluten Gottseligkeit zusammen mit dem von ihm ausgehenden

---

[65] Vgl. hierzu Schleiermachers Hinweise auf den Zusammenhang von Geist und Personalität CS; SW I, 12,510. Dazu die Überlegungen zur personbildenden Kraft Christi GL² § 100,2; II, 92,27 und ebd. § 109,4 II, 181,15, so daß nach Schleiermacher jenseits der Christusbezogenheit des Glaubens von einer menschlichen Personalität im Vollsinn eigentlich gar nicht gesprochen werden kann.

[66] Gotteslust und Gottesunlust, in ihrem Schwanken nach mehr und minder lediglich quantitativ unterschieden, erscheinen hier in einem „beziehungsweisen Gegensatz", nämlich des schwankenden Gottesbewußtseins gegenüber der seligen Stetigkeit desselben in Christus; GL² § 11,2; I, 77,30.

[67] CS; SW I, 12,36; ebenso GL² § 89,2; II, 25,5; ebd. § 100,2; II, 92,5 ff.

Eintreten des Frommen in dieselbe Gottesgemeinschaft — Erfüllung und Annäherung zugleich[68].

Damit ist der christologische Fußpunkt der Glaubensmitteilung gefunden. Er läßt sich resümierend so beschreiben: Die Mitteilung des Glaubens bindet sich auf ursprüngliche Weise an Christus als an den Quellort seiner Gewißheit. Die in ihm gegebene vollkommene Gottseligkeit seines in allen Belangen menschlichen Bewußtseins, also sein Dasein als vollkommen erfülltes subjektives Bewußtsein in steter Leichtigkeit des Gottesbewußtseins ist der ursprunggebende Impuls der christlichen Glaubensmitteilung. Das aber setzt voraus, daß das Handeln Christi ein absolut freies Handeln im oben bezeichneten Sinne gewesen ist; eines, welches in nichts durch irgendeine Welturssächlichkeit und also durch keinen Impuls des sinnlichen Bewußtseins, sondern in allem und auf's vollkommenste vom Gefühl schlechthinniger Abhängigkeit bestimmt war; welches also auch in nichts von einer Abzweckung auf Weltwirklichkeit bewegt, sondern ansatzweise und in allem ein vollkommenes darstellendes Handeln war, ein vollkommenes Erscheinen der inneren Gottesgewißheit im Äußern derselben, absichtslos in bezug auf die Welt, aber vollumfänglich in der Ausfaltung von Gottesbewußtsein[69].

Auf die Freiheit des Handelns Christi fällt dabei der entscheidende Ton. Bleibt nämlich richtig, daß dem Begriff nach die Freiheit dem der Kraft konveniert, welche sich im darstellenden Handeln äußert und darin zur Erscheinung kommt, und daß auf der anderen Seite der weltimmanente Kausalzusammenhang im Begriff der Notwendigkeit zutreffend beschrieben ist[70], so bedeutet das: Indem das absolut freie sittliche[71] Handeln Christi als Ursprungsort der Glau-

---

[68] CS; SW I, 12,41.

[69] GL² § 16,2; I, 109,3 vgl. CS Vorl. 1824/25; SW I, 12,512.

[70] Dial. 256 f.; vgl. zum folgenden GL² § 100,2 in toto; II, 91–93.

[71] Ein Problem bleibt hier zu bemerken. Das freie Handeln ist per definitionem das Äußerlichwerden des Inneren, also in bezug auf Christus die Erscheinung seiner inneren ungetrübten Gottesgewißheit (also, mit GL² § 98, seiner vollkommenen Unsündlichkeit) im Äußeren. Insofern ist das rein darstellende Handeln seine höchste Form. Für das sittliche Handeln gilt nicht unmittelbar dasgleiche. Denn

bensmitteilung erscheint, so ist er selbst der Totalausdruck humaner Frömmigkeitserfüllung. So ist sein Auftreten aus keiner wie auch immer zu betrachtenden Weltursächlichkeit ableitbar. So ist er selbst unableitbar und von schlechthinniger Kontingenz. So ist die Kraft, welche sich in seiner jederzeitigen Kräftigkeit des Gottesbewußtseins repräsentiert, nicht welthaften Ursprungs, sondern unmittelbares, unableitbar setzendes, in bezug auf den Weltzusammenhang akausales Schöpfungshandeln Gottes, welches die von Schöpfung her grundsätzlich vollkommene Struktur der Schöpfung, also die Bestimmtheit des geschaffenen Seins zu schlechthinniger Abhängigkeit und die Bestimmtheit geschaffenen Bewußtseins zum Gefühl schlechthinniger Abhängigkeit in souveräner unmittelbarer Wirksamkeit erfüllt. So ist also das ursprungsetzende Auftreten Christi vollendendes Schöpfungshandeln Gottes, oder kurzum: der vollendende Akt der göttlichen Offenbarung[72].

---

das sittliche Handeln setzt sich vom Begriff her dem unsittlichen entgegen, d. h. es entsteht im selben Subjekt als ein Impuls zur Überwindung des Herrschaftsanspruchs der Sünde, so daß dort, wo sittliches Handeln gegeben ist, ein, und sei's auch minimales, Unsittliches mitgesetzt ist. Das kann aber für die Sündlosigkeit Christi nicht gelten. Denn Christus stand kraft seiner Sündlosigkeit zu keiner Zeit unter der Herrschaft sinnlicher Impulse, so daß für ihn wohl ein freies, nicht aber eigentlich ein sittliches Handeln ausgesagt werden kann. Könnte aber in bezug auf ihn ein sittliches Handeln eigentlich nicht ausgesagt werden, so ließe sich nicht mehr erkennen, wie sein Bewußtsein der Seligkeit das unsere werden könnte. Schleiermacher löst dieses Problem mit dem Hinweis auf die sympathetische Stellvertreterschaft Christi, welche es ermöglicht, auf Christus ein sittliches Handeln auszusagen, ohne für ihn die Entgegensetzung bzw. den Mangel an Seligkeit zu implizieren. Das vermittelnde Glied dieses Gedankens findet Schleiermacher in der Kindheit Jesu. Diese im Vollsinn genommen, ergab auch für Christus die Notwendigkeit, in der Entwicklung seiner geistigen Natur die jederzeitige Leichtigkeit des Gottesbewußtseins zu bewähren, so daß Christus in seiner Seligkeit „sympathetisch, so zu sagen, unseren Mangel an Seligkeit trägt ... Der Mangel entsteht in ihm in seinem erweiterten Selbstbewußtsein, in seinem Unsere Unseeligkeit mitfühlen, und ist ihm der Impuls zu seiner ganzen erlösenden Thätigkeit" CS; SW I, 12,39.
[72] GL² § 14 Zus.; I, 100,25; ebd. § 93,3; II, 38,23—29.

Dann ist aber auch die jetzt geschehende Mitteilung des Glaubens, wie sie, als innere Gewißheit in darstellendem Handeln äußerlich werdend und im Wahrgenommenwerden ihres Sich-Äußerns Glaubensgewißheit stiftet — dabei das Bewußtsein aus seiner Weltabhängigkeit und also aus der Macht der Sünde befreiend und das Personsein des empfänglichen Subjekts vollendend —, eine schieres, schlechthin positives, darin im Weltsinn akausales schöpferisches Offenbarungshandeln Gottes selbst[73]. Das Wirksamwerden des Glaubens zur Gewißheit im Zuge der Glaubensmitteilung kann also für Schleiermacher eigentlich nur unter der Voraussetzung eintreten, daß das in Christus sich offenbarende Schöpfungshandeln Gottes, indem es im darstellenden Handeln des Glaubens am Werk ist, sich im Glauben der Glaubenden und also in der Gemeinschaft ihres Mitteilungszusammenhangs aktual fortzeugt. Das den Christus wahrnehmende Bewußtsein wird von der in Christus gegenwärtigen Gotteskraft berührt. Dieses ist es, welches dem Glaubenden das vormalige Schwanken des Gottesbewußtseins als Erlösungsbedürftigkeit, die Wahrnehmung Christi als Erlösung, ihn selber aber als Erlöser im Innersten gewiß sein läßt.

Von daher ergibt sich Schleiermachers Bestimmung des spezifisch Christlichen. Wenn der Ursprung der Glaubensmitteilung das akausale Auftreten Christi in der steten Leichtigkeit seines Gottesbewußtseins ist, so ist das Spezifische der christlichen Glaubensprägung eben dies, daß sie von Christus her nicht nur ihren Ausgang nimmt, sondern daß alles Glauben sich an ihm, der er der Vollendungspunkt menschlichen Gottesbewußtseins gewesen ist, in der bezeichneten Weise im Gegenüber von Erlösungsbedürftigkeit und Erlösung darstellt. So kann es folglich im Gesamt des christlichen Glaubens kein Element geben, welches nicht auf seinen Stellenwert im Zusammenhang der so geprägten Gemütszustände zu befragen, oder, schleiermachersch gesprochen, auf die in Christus bewirkte Erlösung zu beziehen wäre. Gäbe es ein solches Element des Glaubens, das sich der Erlösung gegenüber als indifferent und von eigener Gewichtig-

---

[73] Vgl. hierzu auch Rr 118 ff.; ed. Meiner 66 ff.

keit verhielte, so wäre jedenfalls der Glaube nicht in seiner Gesamtheit durch das Gefühl schlechthinniger Abhängigkeit, wie es der
darin gesetzten Wirksamkeit nach faktisch als schwankendes, in
Christus aber in steter Vollkommenheit zum Ausdruck kommt,
bestimmt: so gäbe es ein außerhalb jener im Gefühl wahrgenommenen schlechthinnigen Abhängigkeit Stehendes, und nicht bloß
der Glaube (mitsamt dem Begriff des Glaubens), sondern ebensosehr
die im Glauben gesetzte schlechthinnige Ursächlichkeit Gottes fiele
hin. So daß imgrundegenommen es von der Analyse des frommen
Bewußtseins her *ein* Denkzusammenhang ist, der von der Grund-
erfahrung des Gefühls schlechthinniger Abhängigkeit auf die Voraussetzung der Erlösungstotalität in Christus führt, und also Schleiermachers ganze große Denkbemühung nichts anderes unternimmt,
als das sachlich immer schon Vorausgesetzte, nämlich die vollkommene Erlösung in Christus, zu entfalten[74]. Da dem so ist, steht die
Christus gegebene Vollkommenheit in keinerlei Beliebigkeit. Zwar
hätte, abstrakt gesprochen und auf den im Denken erhobenen Strukturrahmen der Glaubensmitteilung gesehen, auch in einem anderen
als in Jesus das vollendende Schöpfungshandeln Gottes statthaben
können. Und zwar ist, ebenso abstrakt gesprochen, auch ein je und
dann unmittelbares Einwirken Gottes zur Erlösung, ja sogar eine
Mehrzahl von erlösenden Individuen denkbar; und selbst über eine
Höherentwicklung der Religion über das Christentum hinaus mag
die Vernunft in ihrer Selbstbewegung spekulieren. Das wird der
Glaube dem Denken, auch dem Denken des Glaubens, weder ver-
wehren können noch wollen. Tatsächlich aber wird er kraft der in
Christus geprägten Eigenheit und Eigenwürde seiner Selbsterkennt-
nis und Selbstgewißheit im Akt der Mitteilung ein ruhiges und sehr
christusgewisses „So ist es aber nicht"[75] sprechen. Denn die Erfahrung des Gefühls schlechthinniger Abhängigkeit in seiner Bestimmtheit sagt eine solche Vollendung der Gottesgewißheit aus, welche
sowohl eine Diminuition Christi als des gewißmachenden als auch

---

[74] GL² § 11,5; I, 83,20.
[75] GL² § 11,4; I, 80,2 vgl. ebd. § 93,2 in toto; II, 34—36.

und von daher eine Überschüssigkeit und also Willkürhaftigkeit im Offenbarungshandeln Gottes von dem Ist-So des christusbestimmten Glaubens her in aller Freiheit abweist. Wäre Christus nicht der eine und einzige Erlöser, und hätte also Gott sich nicht an ihn als an den einen vollendenden Ort seiner Offenbarung unauflöslich gebunden, so wäre im Kern die Frömmigkeit und in ihr das ihr zugrundeliegende Gefühl der schlechthinnigen Abhängigkeit und mit diesem wiederum das unmittelbare Selbstbewußtsein in seiner Bestimmtheit falsch: Das Bewußtsein, wie es ist, wäre nicht so — eine offenkundige Absurdität. „So ist es aber nicht". Vielmehr ist das unmittelbare Selbstbewußtsein in dieser Bestimmtheit als Gefühl schlechthiniger Abhängigkeit im Angesicht Christi und durch ihn seiner Erlösung gewiß.

Ich fasse die vorgelegten Überlegungen zur Mitteilung des Glaubens zusammen:

Wie kann der vollständig subjektive Sachverhalt unmittelbar existenzieller Glaubensgewißheit überhaupt mitgeteilt werden? So hieß die Leitfrage. Sechs Schritte markieren die Antwort:

1. Das am Subjekt erhebbare Gefühl schlechthinniger Abhängigkeit führt in logischer Konsequenz auf die schlechthinnige Abhängigkeit alles sinnlich Erfahrbaren. Schlechthinnige Abhängigkeit erweist sich von daher als ontologische Grundprädikation geschaffenen Seins. Da ich mich schlechthin abhängig befinde, ist Alles unter derselben schlechthinnigen Abhängigkeit begriffen. — Ich nenne dies das ontologische Argument.

2. Das Subjekt ist in der Erfahrung schlechthinniger Abhängigkeit nicht isoliert. Die Äußerung schlechthinnigen Abhängigkeitsgefühls wird im gleichgelagerten Subjekt als Wahrnehmung desjenigen Horizonts schlechthinniger Abhängigkeit nachgebildet, in welchem das sich äußernde Subjekt zusammen mit dem rezipienten Subjekt steht. Die Gemeinschaftlichkeit der Rezeption ist ausgedrückt durch den Begriff Gattungsbewußtsein. Kraft seiner können sich die Subjekte selber Gattung in der Sprache über die Nämlichkeit erfahrener Sachverhalte verständigen. Das gedank-

liche Bindeglied zwischen subjektivem Selbstbewußtsein und Gattungsbewußtsein bildet die Lehre von den angeborenen Begriffen. Sie ermöglichen die Konstruktion des Begriffs für den erfahrenen Sachverhalt in allen Menschen auf gleiche Weise und gewährleisten eine Verständigung über die Selbigkeit des Erfahrenen in ihnen. – Ich nenne dies das dialektische Argument im Zusammenhang der Mitteilung des Glaubens.

3. Glaubensmitteilung betrifft das Subjekt in seiner Weltbezogenheit. Sie ruft in ihm einander widerstreitende und aufeinander bezogene Lust- und Unlustgefühle hervor. Ort der Lust-/Unlusterfahrung ist das Bewußtsein insgesamt, also das subjektkonstitutive höhere Selbstbewußtsein in seiner Bezogenheit auf das objektrezipiente sinnliche Bewußtsein. Indem das Bewußtsein die Präsenz der im höheren Selbstbewußtsein erscheinenden Kraft als handlungsleitend und also als die Weltbezogenheit des sinnlichen Bewußtseins bestimmend erfährt, ist es sich seiner selbst unter der Form der Freude des höheren Selbstbewußtseins bewußt. Indem es anderseits die sinnlichen Impulse des weltbezogenen Gegenstandsbewußtseins als handlungsleitend erfährt, wird es sich in seiner Gesamtheit als weltabhängig und weltbestimmt und also unter der Form des Schmerzes des höheren Selbstbewußtseins bewußt. – Ich nenne das den anthropologischen Zugang in der Frage nach der Mitteilung des Glaubens.

4. Alle drei Argumente miteinander bilden den strukturellen Rahmen geschehender Glaubensmitteilung. Gesehen auf die Faktizität des menschlichen Lebensvollzugs erscheint aber die prinzipielle Fähigkeit des Subjekts zur Glaubensmitteilung bzw. zum Empfang mitgeteilter Glaubensgewißheit als Unfähigkeit. Das Schwanken des Gottesgefühls zwischen Lust und Unlust setzt sich einer den Strukturrahmen des Glaubens jederzeit erfüllenden Gewißheit im Verhältnis von Sünde und Seligkeit entgegen.

5. An dieser Stelle erweist sich Christus in der beständigen Kräftigkeit und sündlosen Vollkommenheit seines Gottesbewußtseins als die in personaler Vollkommenheit geschehende Erfüllung der am gläubigen Subjekt erhobenen, in der Faktizität seiner Weltausein-

andersetzung aber scheiternden Struktur der Glaubensmitteilung. Christus selber ist der Sachgrund wie der Ursprung sich mitteilender Glaubensgewißheit. Er ist der abschließende Akt freier göttlicher Offenbarung.

6. Glaubensmitteilung ist deshalb in jederlei Sinn Christusmitteilung. Sie setzt das Am-Werk-Sein Christi ebenso wie den Empfang der Christusgewißheit voraus und verweist auf den Sachkern der Theologiebildung Friedrich Schleiermachers: Auf die lebendige Präsenz des erhöhten Christus im Glauben seiner Gläubigen.

Verzeichnis der Gegenstände

Verzeichnis der Personen

(soweit sich mit dem Namen eine inhaltliche Position verbindet oder andeutet)

Walter de Gruyter
Berlin • New York

Arbeiten zur Praktischen Theologie

herausgegeben von

KARL-HEINRICH BIERITZ , BERLIN
CHRISTIAN GRETHLEIN, HALLE

Diese neue Reihe ist ein Forum für wissenschaftlich weiterführende Arbeiten aus dem Bereich der Praktischen Theologie. In ihr erscheinen Studien, die thematisch und methodisch über den Tag hinaus Bedeutung für die praktisch-theologische Forschung haben.

Als erster Band in der Reihe erschien:

MICHAEL MEYER-BLANCK

Wort und Antwort

Geschichte und Gestaltung der Konfirmation am Beispiel der Ev.-luth. Landeskirche Hannovers

Groß-Oktav. XII, 338 Seiten. 1992. Ganzleinen DM 138,-
ISBN 3-11-013258-3
(Arbeiten zur Praktischen Theologie, Band 2)

In einem kürzeren einleitenden Teil wird die gegenwärtige Diskussion um die Konfirmation skizziert. Im Hauptteil wird die Konfirmationsdebatte in der Hannoverschen Landeskirche von 1850 bis 1950 dargestellt, um schließlich unter der Chiffre "Wort und Antwort" ein theologisch und anthropologisch reflektiertes Konfirmationsverständnis zu gewinnen.

Preisänderung vorbehalten

W DE G Walter de Gruyter
Berlin • New York

CHRISTIAN WALTHER

Ethik und Technik

Grundfragen - Meinungen - Kontroversen

Oktav. VIII, 258 Seiten. 1992. Kartoniert DM 38,-
ISBN 3-11-013475-6
(de Gruyter Studienbuch)

Anknüpfend an die unter Ingenieuren und Technikphilosophen stattfinden-
de Diskussion über die Notwendigkeit einer Technikethik werden in fünf
Kapiteln Gründe und Kriterien der Technikproblematik und ihre kultur- und
gesellschaftspolitischen Zusammenhänge erörtert.

Aus dem Inhalt: Zum Dialog zwischen Technik und Ethik: Die Ausgangs-
lage - Warum Technikethik? Gründe - Woran soll sich der Umgang mit
Technik orientieren? - Technik als Kulturfaktor - Die Herausforderung zu
einer vorausschauenden Technologiepolitik.

Eschatologie als Theorie der Freiheit

Einführung in neuzeitliche Gestalten eschatologischen Denkens

Oktav. XII, 307 Seiten. 1991. Ganzleinen DM 128,-
ISBN 3-11-012811-X
(Theologische Bibliothek Töpelmann, Band 48)

Historisch-systematische Untersuchung zum Zusammenhang des neuzeit-
lichen Freiheitsverständnisses mit bestimmten Interpretationsmustern
christlicher Endzeiterwartung - Kritik der daraus gezogenen vornehmlich
ethischen Konsequenzen in bezug auf Gedanken von der Herrschaft des
Menschen über Natur und Welt - Erörterung der Stellung und Aufgabe des
Menschen in der Welt im Rahmen der eschatologisch orientierten Verant-
wortungstheorie.

Preisänderungen vorbehalten